ESTO es COACHING

Guadalupe Gómez Baides

ESTO es COACHING

Herramientas del coach

Un proceso de coaching

EDICIONES OBELISCO

Si este libro le ha interesado y desea que le mantengamos informado de nuestras publicaciones, escríbanos indicándonos qué temas son de su interés (Astrología, Autoayuda, Ciencias Ocultas, Artes Marciales, Naturismo, Espiritualidad, Tradición...) y gustosamente le complaceremos.

Puede consultar nuestro catálogo en www.edicionesobelisco.com

Colección Éxito
ESTO ES COACHING
Guadalupe Gómez Baides

1.ª edición: abril de 2014

Maquetación: *Montse Martín*
Corrección: *Sara Moreno*
Diseño de cubierta: *Enrique Iborra*

Edita: Ediciones Obelisco S. L.
Pere IV, 78 (Edif. Pedro IV) 3.ª, planta 5.ª puerta
08005 Barcelona - España
Tel. 93 309 85 25 - Fax 93 309 85 23
E-mail: info@edicionesobelisco.com

ISBN: 978-84-15968-47-4
Depósito Legal: B-6.014-2014

Printed in Spain

Impreso en España en los talleres gráficos de Romanyà/Valls S.A.
Verdaguer, 1 - 08786 Capellades (Barcelona)

A mi familia,
la de sangre
y la del alma

Índice

Agradecimientos

El impulso para lanzarme a escribir este libro se lo debo a tres fantásticas personas:

- ✓ Ian Castletown, escritor y soplador de brasas.
- ✓ Andrés Martín, compañero de viaje y escritor.
- ✓ Hugo Bleichmar, mi «pepito grillo» particular.

El no caer en el desánimo a mi familia y amigos... Y el verlo por fin publicado, a Ediciones Obelisco, por los que me he sentido en todo momento muy bien tratada, ¡gracias!

Este libro es mejor gracias a todo el feedback que he recibido constantemente de un grupo de personas que, generosamente, fueron leyendo mis capítulos y haciéndome comentarios.

- ✓ Goyo, mi hermano, el más entregado.
- ✓ Pepe, mi marido, el que más lo «ha sufrido».
- ✓ Cristina Herrero, lectora, crítica constructiva, maquetadora, polifacética...
- ✓ Alicia, M.ª Paz y Cata Diaz Freire (que siempre me pedían «un capítulo más», no se me ocurre mejor motivación).
- ✓ Lola Ansola, apoyo, fuente de inspiración y de acción.

Y, cómo no, a muchos compañeros coaches, que me han ayudado a terminar el libro con ideas, sugerencias, chistes, etc:

- ✓ Rut Roncal
- ✓ Eduard Juliá
- ✓ Teresa Gómez
- ✓ Javier U. Fernández
- ✓ Laura García Marcos
- ✓ José Luis Pérez-Pla
- ✓ Ana Gómez, excelente coach donde las haya, que ha realizado la «supervisión» de las sesiones de Eire con Paty.

Tengo mucho que agradecer a quienes me formaron como coach, a Eva López Acebedo, Mar Carrascosa y, muy especialmente, a Silvia Guarnieri, quien me metió el gusanillo del coaching en el cuerpo… Cuando la vi hacer coaching, pensé «yo de mayor quiero ser como ella».

Por último, pero no menos importante, quiero agradecer a todos mis coachees, que durante estos años han depositado y depositan en mí su confianza, y de los que no paro de aprender. ¡Muchas gracias!

Preámbulo

Querido lector o querida lectora:

He escrito este libro pensando en el libro que yo hubiera querido tener para leer:

- ⌘ Antes de formarme como coach, me hubiera encantado poder tener una idea clara de lo que era y no era el coaching…
- ⌘ Cuando hacía la formación sólo quería herramientas y más herramientas y grandes listados de preguntas poderosas…
- ⌘ Después, al terminar de formarme como coach, lo que más agradecía eran ejemplos de sesiones reales de otros coaches, es de lo que más aprendía…

He pretendido aportarte estas tres cosas; aunque sean espejismos. En realidad cada coach tenemos nuestra propia manera de hacer coaching… Sólo hay que tirarse a la piscina. El verdadero coach es el que tiene el valor de meterse ahí, sin saber dónde se mete, a ciegas y con el respeto profundo que le inspira el otro, tener la confianza de que el cliente encontrará algo.

Cada capítulo se compone de una parte novelada de un proceso de coaching y un resumen teórico, un cuaderno de trabajo. Mi propuesta es seguir las sesiones que un coach hace con otro coach y aprender de ellas (o recordar) lo fundamental.

¡Espero que disfrutes leyéndolo y te resulte útil!

Guadalupe Gómez Baides

Capítulo 1
Qué es coaching

No me costó nada encontrar el portal y, efectivamente, había un *parking* justo enfrente. Desde ayer le estoy dando vueltas a cómo he acabado pidiendo hora a esta coach, lo cierto es que no me apetece hacer el esfuerzo de analizar mis interioridades pero siento como que algo me empuja, como si el destino o «lo que sea» me dijera que tengo que hacerlo, que tengo que trabajar con ella. Me parece inexplicable que esté dispuesta ahora a invertir en esto, teniendo miles de colegas que me harían el coaching gratis o casi... Bueno, miles no, pero *a priori* se me ocurren como mínimo cinco...

Entro en el ascensor, pulso el botón del 2 y me doy cuenta de lo irremediable de la situación, ya no puedo llamarla (como pensé varias veces ayer) e inventarme alguna excusa para no asistir, sería muy feo por mi parte. El espejo me devuelve una imagen de mí misma que no me gusta. Estoy nerviosa... Tengo miedo...

Paty, respira hondo... Y sobre todo, recuerda no empezar sacando el tema «precio», si has venido hasta aquí tendrás que esperar hasta el final para decidir si te merece la pena pagarlo. Y por favor, no empieces a decir «lo siento» cuando te sientas ridícula. Bien, creo que lo tienes todo controlado. Llama al timbre. ¡Ya!

Toco el timbre. Sonrío nerviosamente a la mirilla. La puerta se abre casi enseguida, bueno, la estancia que se ve no es tan grande... Debía de estar esperándome...

—¡Hola, Eire! ¡Tenía muchas ganas de conocerte personalmente!

A estas palabras y la mejor de mis sonrisas ella responde con una sonrisa dulce y estirando hacia mí su mano.

Se la doy, claro, ¿qué voy a hacer?..., pero me parece un gesto muy frío que contrasta con la calidez de su cara, de facciones agraciadas, enmarcadas en una preciosa melena.

—He oído hablar mucho de ti y tenía ganas de verte más allá de las fotos; también he leído mucho de lo que has escrito...

—¡Espero que lo que hayas oído de mí sea bueno! Pero pasa y ponte cómoda. Puedes dejar aquí el abrigo y elegir dónde sentarte. Yo me siento aquí.

Señaló una silla muy normalita de ruedas, puesta en una mesa redonda con otras sillas igualmente normalitas... Bueno, no sé qué esperaba; pero me sorprendió que todo fuera tan normal. Probablemente sus libros y conferencias como gurú del coaching me hacían esperar algo más especial de su lugar de trabajo.

—Bueno, si tengo que ser sincera, no todo lo que he oído de ti es tan bueno... Entiéndeme, a nivel profesional nadie te pone ningún «pero» y parece que todos te consideran brillante, pero a nivel personal sí que tienes gente a la que le gustas y gente a la que no... Lo que veo claro es que no provocas indiferencia en quien te conoce...

—¡Vaya! Gracias, muchas gracias por tu sinceridad, Patricia, si estuviéramos tomándonos un café me encantaría que me contaras más porque has despertado mi curiosidad... Sin embargo, este tiempo está reservado para ti y no quisiera ser yo el tema de conversación...

Otra sonrisa de ésas tan agradables, pero esta vez fija en mí esos ojazos, grandes y un poquito inquisidores, que dan a entender que detrás hay una mente muy despierta dispuesta a desafiarme... Creo que sus ojos me dicen que tengo que empezar a hablar de mí... Pero no se lo pondré fácil...

Me callo.

Se calla.

Me callo.

Se calla.

Me callo.

Se calla y me sonríe como invitándome, y ya no aguanto más el silencio, ¡vaya!

—Bueno, Eire, si te parece bien, podemos empezar hablando de dinero. Quisiera saber si esta primera sesión contigo es gratis.

—Así es, Patricia, pero me da la sensación de que ya lo sabes…

¡Vaya! A ver si va a ser tan brillante porque tiene algún poder paranormal de esos de las películas y me está leyendo la mente… La verdad es que me apetece preguntarle por qué lo dice pero seguro que me remite a mí, como buena coach, y no me dice nada interesante.

—Vale… –Respiro–. Sí, me he informado de tus honorarios, que me parecen excesivos, y de que el primer encuentro no lo cobras nunca cuando es entre colegas… –Se calla y me mira–. También me parece muy caro lo que cobras por mentorizar[1] o supervisar[2] a otros coaches…

—Y aun así estás aquí…

—Sí, bueno, supongo que quería verte y entender tus precios…

—Y ahora que me ves…

—Vale, sí, es una tontería, tendría que ver tu trabajo y no tu cara, ¡tienes toda la razón!

—Patricia, yo no he dicho nada…

---

1. Acción de aconsejar o guiar a otra persona (mentorizado). El mentor es elegido por el mentorizado.

2. Acción de «Ejercer la inspección superior en trabajos realizados por otros» (RAE). Supervisar significa «mirar desde arriba», «mirar desde lo alto» (del latín *super*, «sobre»). Es decir, supervisar hace referencia al acto de observar o estudiar algo con una visión global y a una cierta distancia.

—Bueno, es verdad, como ves... ¡Yo me lo guiso y yo me lo como!

—Te voy a proponer una cosa, como aún no he hemos hablado de lo que quieres trabajar, ni estamos seguras de que yo sea la persona adecuada para ello, dejemos el precio para cuando tengamos claro qué vamos a trabajar juntas. ¿Te parece bien?

—Sí... No. No me parece bien porque a pesar de haber venido hoy, no estoy segura de poder pagarte con el poco trabajo que tengo por esta crisis de los... Bueno, intentaré no decir tacos. Tengo trabajo pero menos de lo habitual y además cobro menos porque todo el mundo se ha vuelto loco ¡y están tirando los precios!

—Patricia, si te he entendido bien, antes me decías que, en tu opinión, mis honorarios te parecían excesivos, ahora me hablas de un hecho, que ganas menos dinero que antes y que no sabes si podrás pagarme. ¿Es así?

—¿Es que ya me estás haciendo coaching?

—¿Te parece mal?

—Supongo que no, que a eso he venido...

—Sólo quisiera determinar qué es exactamente lo que quieres hablar del dinero para poder solucionarlo cuanto antes y que no perdamos la hora que nos hemos reservado en hablar de esto, ya que no creo que sea lo que te gustaría trabajar conmigo...

—Sí, supongo que tienes razón... Lo siento; quizá sólo estoy dando vueltas para no entrar... Para no arrancar... Bueno, en cualquier caso, me preocupan las dos cosas.

—Vale. Respecto de la primera, mis honorarios, te animo a que conozcas el trabajo, veas los resultados y tú misma decidas si «lo vale». Respecto a lo segundo, soy muy flexible y creativa en lo que a cobrar se refiere, así que te propongo que nos ocupemos de esto cuando proceda.

—De acuerdo –digo apartando la vista de esos ojos y mirando las numerosas plantas que adornan la estancia. ¿Serán de verdad?

Quiero preguntarle pero gracias a Dios esta vez ella toma la iniciativa.

—Bueno, Patricia, por teléfono me comentaste que querías hacer coaching o supervisión o mentorización conmigo, que no lo tenías muy claro; ¿puedo preguntarte si ya sabes cuál de las tres cosas te vendría mejor?

—No, bueno sí; vamos, que preguntarlo sí que puedes, pero sigo sin saber lo que necesito…

—¿Qué te hace pensar que necesitas algo?

—¡Ya veo por dónde vas! ¡Estás haciéndome coaching intentando centrar el objetivo!

Ella no dice nada. ¡Realmente domina esto del silencio! Bueno, y el lenguaje no verbal, porque todo su cuerpo me grita ¿Y? ¿No es eso a lo que has venido?

—¡Vale! Lo siento, estoy un poco nerviosa, me pone nerviosa hablar contigo porque me gustaría aprender todo lo posible de ti, la verdad es que te acribillaría a preguntas sobre qué haces, cómo lo haces, qué herramientas utilizas en tus sesiones de coaching y sobre qué opinas de… Bueno, ¡De muchas cosas! Pero claro, eso no es coaching ni supervisión ni mentorización y supongo que no tienes por qué contestarme y me mandarías a freír espárragos.

—¿Ésta es otra de las comidas que tú te guisas?

—Sí, perdona, no sé muy bien cómo afrontar esta situación…

—Patricia, me da la sensación de que quieres por un lado ponerte en el rol de coachee conmigo y por otro estar de observadora de lo que hablamos. ¿Puede ser?

¡Ya está otra vez! ¡Pero tiene razón!, por no perderme nada voy a conseguir perder el tiempo…

—Sí, tienes toda la razón, lo siento, quiero hablar pero también quiero diseccionar lo que hablamos… –Ahora sí que no puedo soportar esa mirada, ¡ni siquiera me está juzgando! Sólo me mira con cara de querer entenderme… Aparto la mirada y se genera otro de sus fantásticos silencios… No me siento bien…

—Bueno, Patricia, ¿qué podrías hacer para dejarte estar sin preocuparte por diseccionar nuestra conversación?

—Nada, hombre, si pudiera ya lo haría, soy la primera interesada…

—¿Puedes pensarlo, por favor?

—Vale… No se me ocurre nada…

—Imagínate que puedes pedir un deseo a tu hada madrina…

—Le pediría que parara la parte analítica de mi cabeza para poder centrarme en mi «Yo» más profundo y sacar partido de nuestro encuentro…

—Muy bien, ¿y de qué manera podrías «TÚ» hacer que pare tu parte analítica?

Otra vez silencio…

—No lo sé… Tendría que ocurrir algo que le dejara tranquila a esa parte… Algo como tener la garantía de que voy a recordar todo lo que has dicho… Podría tomar notas, pero entonces seguiríamos igual porque me centraría en analizar lo que dices o en anotarlo todo y no en… ¡Lo tengo! ¡Grabarte! ¡Eso es! ¿Podemos grabar nuestra conversación?

—Si grabar la conversación te ayuda a parar esa parte de tu cabeza, me parece una buena opción. Yo tengo grabadora. –Se levanta y aprecio su manera estilosa de dirigirse al escritorio, es antiguo, me gusta, abre un cajón y saca la grabadora, o la tenía preparada o es una obsesa del orden porque no ha tardado nada en encontrarla… La hipótesis de los poderes va ganando puntos…–. Sólo necesito que me prometas que no utilizarás la grabación para nada distinto de escucharla después, ni dejarás que nadie más la oiga ¿Qué te parece?

—¡Perfecto! ¡Te lo prometo!

—Y yo quería preguntarte si puedo tomar notas de lo que hablemos.

—Sí, claro, ¡por supuesto!

—Y ahora, ¿quieres decirme qué te ha decidido a contactar conmigo?

—Bueno, yo… soy coach, ya lo sabes… Y no sé por qué no acabo de sentirme cómoda haciendo coaching… Llevo cinco años y al principio pensé que era porque todo cuesta al empezar, porque soy de natural rápida dando contestaciones y consejos y… lo de hacer coaching, va un poco en contra de mi naturaleza… Bueno, iba en contra, ahora ya lo asumo como un rol y no tengo que estar mordiéndome la lengua cuando estoy con los clientes… Y soy buena… Nunca nadie se ha quejado, todos mis coachees quedan contentos, me recomiendan y demás; pero yo no disfruto haciendo coaching… ¿Tú disfrutas haciendo coaching? ¡YA! ¡Ya sé que no me vas a contestar! ¡Que esto no es coaching! Pero por favor…, ¡dímelo!

—¿Tú qué crees?

—Yo creo que sí, te he oído y leído varias veces y por tu forma de hablar de ello… parece que lo disfrutas…

—¿Por qué es importante para ti saber si yo lo disfruto?

—Mira, la verdad es que aunque no sé muy bien lo que busco, tengo el prejuicio de que sólo una persona que tiene aquello de lo que yo carezco me puede ayudar…

—Eso suena un poco como si buscaras una terapia…

—Tienes razón, lo siento. –¡Dios mío! ¡¿Cuántas veces he dicho ya «lo siento»?!–. ¡Para mí es muy importante que me contestes!

—La respuesta es sí. Disfruto haciendo coaching, unas veces más que otras, claro; pero disfruto casi siempre.

—¿De verdad? –Silencio.

Más silencio, esta vez no tengo claro si su cara dice «aguanta y no resoples» o si está aguantando la risa. Pero yo aguantaré el silencio.

—De verdad, Patricia. Ya hablamos por teléfono del contrato de coaching, de la confidencialidad total y de que la responsabilidad de los resultados es tuya. Ahora añado, a título personal, que no suelo mentir a mis clientes. Que si me haces alguna pregunta directa puede que no te la conteste, pero si la contesto, puedes tener la seguridad de que te diré la verdad.

—¡Gracias!

—¡No hay de qué!

—No, en serio…

—Yo también hablo en serio.

—Quiero decir que te agradezco que seas sincera conmigo y también que me contestes a las preguntas que te hago… Mira; me encantaría preguntarte muchas cosas ¿crees que podríamos reservarnos los últimos diez minutos de la sesión para que yo te hiciera preguntas?

—¿Para qué quieres hacerme preguntas?

—Para saber qué piensas y qué opinas y qué sientes y…

—¿Y eso para qué te serviría?

—Vale, ya veo por dónde vas, lo siento. –¡Ummmm otro «lo siento»! ¡Uno más y me vomito a mí misma!–. Eso no es coaching, pero es que a lo mejor yo no quiero hacer coaching contigo, sólo quiero aprender de ti y puede ser más fácil si te hago preguntas yo a ti en vez de tú a mí… Mira, ya que no sé lo que quiero te diré lo que no quiero. No quiero mentorizarme, entiendo que eso sería diseccionar una sesión de coaching que yo haga para ver cómo la hago, mis puntos fuertes y mis áreas de mejora. Eso no es lo que estoy buscando… Quizá sea un mentor en el sentido más antiguo de la palabra… Porque quiero aprender de ti, no contigo…

—Umm, eso no suena mucho a coaching, ¿no?…

—No, ya lo sé, lo siento. ¡Augh!… ¿Pero lo harías?

—Sinceramente no sé qué contestarte… Nunca me han propuesto esto… Déjame entenderte un poco más…, ¿vale?

—Vale.

—¿Qué es concretamente lo que te gustaría aprender?

—Todo. Bueno, me gustaría conocer qué herramientas usas en tus sesiones de coaching, todo el mundo habla muy bien de ti respecto a la cantidad de recursos que tienes para afrontar cualquier situación que se dé en una sesión… También quiero saber cómo te sientes cuando haces coaching porque quiero saber si es normal lo que yo siento… Y quiero disfrutarlo, saber qué tengo que hacer para disfrutarlo… Y, no sé, a veces tengo clientes que no sé bien cómo manejar, a veces acabo una sesión y no sé si lo he hecho bien o mal, otras no sé si he hecho coaching o consultoría… Uff… Son muchas cosas… Lo siento… ¡TAMBIÉN QUIERO DEJAR DE DECIRTE «LO SIENTO» CADA TRES FRASES!… Esto parece la carta a los Reyes Magos…

Otro silencio. Esta chica debería llamarse Eire Silencios, ji, ji, ji. No entiendo cómo me puedo reír cuando estoy haciendo el ridículo de esta manera… ¿Por qué se calla? ¿Qué piensa? ¿Debería decir algo más? Creo que tendría que haberme preparado esta conversación…

—Siento sacarte de tus pensamientos. –¿Cómo sabe que estoy pensando? ¿Serán sus «superpoderes» o la cara de tonta que se me ha debido de quedar?–. Pero quiero hacerte otra pregunta antes de contestar a la tuya: ¿qué te hace pensar que todas esas cosas que quieres no se pueden trabajar con la herramienta básica del coaching, con las preguntas?

Otro silencio… ¡Y tiene razón! ¡Parece mentira que ni yo misma crea en la herramienta con la que trabajo! ¿Será por eso por lo que no disfruto? Si el coaching es hacer de espejo al otro para que haga sus propios aprendizajes y descubrimientos… ¿Por qué creo que no puedo yo aprender y descubrir mediante el coaching? ¡Se me olvidó el principio de la mayéutica![3] ¡Estoy tonta!… Esta tía me ha llevado donde ella quería, ¡a que haga coaching con ella! Esto no me gusta… Pero…

—¿Quieres compartir conmigo lo que estás pensando? –lo pregunta en tono suave, como si me fuera a romper si me sopla… Pero no noto que me juzgue, la noto del todo pendiente de mí, de lo

---

3. Método de enseñanza que consiste en hacer descubrir al alumno, por medio de preguntas dirigidas, nociones que ya tenía en sí, sin él saberlo. La mayéutica fue utilizada por Sócrates.

que pienso, de lo que siento, es como si me estuviera leyendo con atención, con curiosidad pero con empatía, con respeto. ¡Esta tía es realmente buena!

—No, sí. Bueno no sé, me siento hecha un lío... Me acabo de pillar en un renuncio dudando del poder del coaching... Me siento un tanto estúpida... Supongo que tienes razón... Ya, ya sé que no has dicho nada pero al preguntarme eso, me estás haciendo pensar en por qué he decidido que no era coaching lo que necesitaba... ¡Ni siquiera le he dado la oportunidad! Y creo que lo has hecho pensando que el coaching... Bueno, mira, se acabó, me voy a relajar ¡que ya me vale! –¡Respira hondo, Paty, que parece que te falta riego!–. Mira, me he prejuzgado y he perdido la perspectiva y he pensado que necesitaba algo distinto, pero mirándolo bien... Puede que una mezcla de coaching y supervisión sea lo que necesito... Pero también me gustaría que, si por lo que sea, no llego por mí misma a lo que quiero, en un tiempo razonable, te olvides de las preguntas del coaching y me hagas ver las cosas de otra manera...

—Entonces ¿ya no tengo que contestar a tu pregunta?

—No, supongo que no.

—¿Y quieres que centremos el objetivo?

—Sí. La meta sería... disfrutar del coaching y mejorar mi sentimiento de confianza y mi abanico de herramientas para hacer coaching y mi manera de afrontar algunas situaciones en las sesiones, o mejor dicho, algunos temas, porque tengo siempre la mala suerte de tener algún coachee cuyo tema me toca personalmente, y lo llevo fatal... ¿Cómo voy a ayudarle en algo en lo que yo no sé ayudarme a mí misma? Y también hay veces que me siento perdida porque no sé si lo que me hacen sentir algunos clientes es una reacción a mis propios «temas no resueltos», o es normal o... No sé, a veces también me olvido del coaching y acabo aconsejando a mis clientes en los temas que domino porque me puede la impaciencia y las ganas de que se lleven algo que de verdad les sirva y... Bueno, sí, seguro que me vendría bien trabajar mi impaciencia, independientemente de todo... y... quizá conocerme mejor... no sé... También hay veces que las personas no parecen tener muy claro qué quieren trabajar, es como si buscasen algo pero no lo definiesen, y me cuesta arrancar con objetivos SMART.[4] Otras veces me encuentro gente que expresa sus emociones de manera explosiva y me incomoda, y no sé cómo manejar ciertas emociones... ¡Yo no soy psicóloga! He leído mucho de psicología porque me gusta ¡pero soy economista!... ¡Vaya charla que te acabo de dar! ¡Menos mal que lo tendremos grabado porque ya no sé ni lo que te he dicho!

—Bueno, me has dicho muchas cosas... ¿Por dónde crees que vendría mejor empezar?

—Por las herramientas.

—¿Por las herramientas?

—Sí, por las herramientas de coaching, en algunos de tus artículos he leído lo que haces con los coachees, registros, autodiagnósticos, visualizaciones... Creo que eso me ayudaría mucho para mis propias sesiones de coaching.

—Patricia, te voy a proponer algo. Mientras trabajamos sobre tus objetivos yo procuraré utilizar algunas de esas «herramientas» de las que hablas, y si cuando terminemos el proceso quieres que, como colega, comparta contigo alguna más, lo haré; pero no voy a hacer de una sesión de coaching una clase magistral. ¿Me explico?

—Sí, vale, lo entiendo, y lo del final me deja muy tranquila... Por eso lo has dicho, ¿no?

Sonríe.

—Vale, no me contestes, ¡no hace falta! ¿Por dónde empezamos?

---

4. SMART, que en inglés significa «inteligente» (siglas de specific, measurable, attainable, realistic, timely) sirve para recordar cómo deberían ser definidas las metas y sus características: S) Específicas, M) Medibles, A) Acordadas, R) Realistas, T) acotadas en el Tiempo.

—Dímelo tú.

—Ya, claro, qué pregunta tan tonta la mía...

—¿Qué haces tú cuando te llega un cliente con un listado como el tuyo de «metas»?

—Bueno, supongo que intento centrar un objetivo para la sesión del momento...

—¿Y cuál puede ser para ti el objetivo de esta nuestra primera sesión?

—Supongo que... No sé, ya tengo cubiertos mis objetivos de la primera sesión.

—¿Quieres compartirlos conmigo?

—¡Claro! Mi primer objetivo era conocerte y ver si me puedo sentir cómoda contigo en un proceso de coaching o de lo que sea, ver si hay química, si me trasmites confianza...

—¿Y?

—Conseguido.

Sonríe.

—Mi segundo objetivo era aclararme con lo que necesito y después de nuestra conversación, aunque tú no hayas dicho nada, me parece que el coaching y la *supervisión* me encajan. No veo nada claro cómo podemos trabajar todo lo que quiero, pero ése es tu problema... –Esta vez sonreímos las dos–. Supongo que te estoy contestando a qué me llevo de esta conversación, ¿no? Bueno sobre todo me llevo el haberme dado cuenta de la poca fe que tenía en el coaching para mí. Aun cuando sé que es una herramienta fantástica para todo el mundo... Bueno, supongo que no se puede hacer coaching con alguien que tenga alguna psicopatología grave, claro...

—¿Y cómo te sientes?

—Rara. Bien. Con esperanza. Un poco sorprendida de mi falta de visión, la verdad, por dentro me estoy llamando de todo... –Ji, ji, ji–. Pero creo que contigo puedo conseguir acercarme a mis metas y que he tomado una buena decisión... Sigo preocupada por el dinero, pero hasta que hagamos otra sesión lo voy a dejar aparcado…

—¿Y qué crees que puedes hacer en el tiempo entre una sesión y otra para acercarte a tu objetivo?

—¡Ajá!… El plan de acción, ¿eh?… Perdona… –Sonrío–. Bueno, voy a volver a oír esto que hemos hablado y empezar un cuaderno de trabajo… Supongo que lo primero sería aclarar o definir más mis metas…

—¿Quieres que te proponga alguna de esas «herramientas» para hacerlo?

—¡Sí! ¡Por favor!

—Vale. ¿Conoces el DAFO?[5]

—Sí, claro, cuando trabajaba en empresa, antes de ser coach, lo usábamos mucho…

—¿Alguna vez has hecho un DAFO sobre tu persona?

—Pues no, no se me ha ocurrido…

—¿Crees que te ayudaría el hacerlo?

—Sí, claro, ¡por qué no!

—Entonces te animo a que hagas un DAFO sobre ti como coach para centrar más tus objetivos…

—¡Me apetece, la verdad!

—Y, si quieres, como paso previo o simultáneo al DAFO, depende de lo que te salga, puedes hacer el ejercicio de enumerar las cosas que te motivan y te desmotivan respecto de tu trabajo. No sé cómo lo llamarían en tu formación de coaching pero en casi todas se hacen estos listados para encontrar asuntos sobre los que trabajar…

—… ¡Sí! Ya recuerdo, los llamaban cosas que quitan o dan energía, creo recordar… Bueno, da igual cómo los llamábamos, entien-

5. Debilidades, Amenazas, Fortalezas, Oportunidades. Más información en el «Cuaderno de trabajo» de este capítulo.

do el concepto, puede ser interesante aplicarlo a mi rol de coach… Aunque me da un poco de pereza… –Sonrío–. Bueno, lo haré.

—Sólo si tú quieres y crees que te servirá. ¿De acuerdo?

—De acuerdo… ¡A ver qué sale! Me lo apunto, y lo del DAFO, puede ser curioso… ¡Éstas son el tipo de herramientas que quería! ¡Muchas gracias!

Dedicamos un buen rato a comparar los documentos con los que trabajaremos. Ella me aconseja, cómo no, que le haga un resumen con lo que más me ha gustado de cada sesión y añada el plan de acción al que llegue. Antes de las sesiones, me mandará una plantilla de preparación de cada sesión para que yo lo rellene y se lo mande antes de vernos. Tener la sesión grabada me ayudará mucho porque así, además del proceso de coaching que haga, podré analizar el cómo lo hace y aprender de ella… ¡Vaya! Eso no suena mucho a coaching…

Me comprometo, sin mucha ilusión aunque sé lo útiles que resultan, a enviarle mis notas del cuaderno de trabajo, que voy a iniciar hoy, el mismo día o al siguiente de nuestro encuentro y a rellenar la plantilla de preparación de la siguiente sesión, el día anterior o el mismo día en el que nos volvamos a ver.

Nos vamos levantando tras cerrar agendas y recoger. Esta vez me despide con dos besos, siento una cercanía que no creía posible cuando me dio la mano hace un rato… Estoy contenta. El espejo del ascensor me devuelve una imagen mejorada de mí. Sigo siendo yo, alta, pelo castaño y rebelde y ojos oscuros pero… Esos ojos tienen ahora un brillo especial… Sonrío. ¡Me he embarcado en otra aventura! ¡Creo que me saldrá muy bien!

Al llegar a casa enciendo el ordenador y ya tengo su correo con el *link* de la sesión y la plantilla que tengo que rellenar antes de la próxima. ¡Dios mío! ¡Esta mujer es una máquina! Estrenaré el último cuaderno que me regalaron (toda la ciudad conoce mi afición por la papelería), es rosa chillón pero no lo verá nadie… Anotaré todo lo que recuerde o lo que no quiero olvidar:

Coaching es:

- El coaching profesional es un proceso de entrenamiento personalizado y confidencial que ayuda a cubrir el vacío existente entre donde una persona está ahora y donde desea estar. En la relación de coaching el coach ayuda al desarrollo personal elevando la consciencia, generando responsabilidad y construyendo auto confianza (ASESCO - Asociación Española de Coaching).
- Relación profesional continuada que ayuda a obtener resultados extraordinarios en la vida, profesión, empresas o negocios de las personas. Mediante el proceso de coaching, el cliente profundiza en su conocimiento, aumenta su rendimiento y mejora su calidad de vida.

  Se trabaja en sesiones regulares. Enfocadas a la acción. Desafiando al cliente a tomar decisiones. Provocando evolución entre sesión y sesión. Hacia una meta establecida con el coach (ICF - International Coach Federation).

El coachee necesita:

- Sentirse escuchado.
- Sentirse importante.
- Sentirse en confianza.
- Dejarse estar sin prejuzgarse.
- Sentirse aceptado sin juicio.
- Sentirse desafiado.

Herramientas de la conversación de coaching:

- La pregunta.
- La escucha.
- El silencio.
- La presencia.
- La capacidad de comunicación.
- La empatía.
- El estar para el otro.
- Confianza.

El coaching empieza:

- Concretando aquello que el coachee quiere trabajar: metas y objetivos.

Otras herramientas:

1. DAFO
2. LISTADO DE FACTORES QUE SUMAN O RESTAN

1. DAFO

Según Wikipedia:

El análisis DAFO, también conocido como matriz o análisis DOFA, FODA, o en inglés SWOT, es una metodología de estudio de la situación de una empresa o un proyecto, analizando sus características internas (Debilidades y Fortalezas) y su situación externa (Amenazas y Oportunidades) en una matriz cuadrada.

Es una herramienta para conocer la situación real en que se encuentra una organización, empresa o proyecto, y planificar una estrategia de futuro.

Durante la etapa de planificación estratégica y a partir del análisis DAFO se debe poder contestar cada una de las siguientes preguntas:

- ¿Cómo se puede destacar cada fortaleza?
- ¿Cómo se puede disfrutar cada oportunidad?
- ¿Cómo se puede defender cada debilidad?
- ¿Cómo se puede detener cada amenaza?

Este recurso fue creado a principios de la década de los setenta y produjo una revolución en el campo de la estrategia empresarial. El objetivo del análisis DAFO es determinar las ventajas competitivas de la empresa bajo análisis y la estrategia genérica a emplear por ésta que más le convenga en función de sus características propias y de las del mercado en que se mueve.

El análisis consta de cuatro pasos:

1. Análisis externo (también conocido como «Modelo de las cinco fuerzas de Porter»)
2. Análisis interno
3. Confección de la matriz DAFO
4. Determinación de la estrategia a emplear

Un DAFO personal sería:

DEBILIDADES	AMENAZAS
• ¿Cuáles son mis debilidades según yo? • ¿Cuáles son mis debilidades según las personas que me conocen? • ¿Qué podría mejorar? • ¿Qué actitudes, pensamientos o sentimientos me frenan en la consecución de mis metas?	• ¿Qué factores externos a mí dificultan la consecución de mis metas? • ¿En qué me puede perjudicar la coyuntura económica? ¿Cómo? • ¿Qué obstáculos a mis metas encuentro en el exterior?
FORTALEZAS	**OPORTUNIDADES**
• ¿Cuáles son mis fortalezas según yo? • ¿Cuáles son mis fortalezas según las personas que me conocen? • ¿Qué se me da mejor? • ¿Qué actitudes, pensamientos o sentimientos me ayudan en la consecución de mis metas?	• ¿Qué factores externos a mí favorecen la consecución de mis metas? • ¿En qué me puede beneficiar la coyuntura económica? ¿Cómo? • ¿De qué me puedo aprovechar del exterior?

2. LISTADO DE FACTORES QUE SUMAN O RESTAN

También llamado:

- Listado de factores que me motivan o desmotivan
- Listado de cosas que quitan o agregan energía
- Etc.

SUMAN	RESTAN
• ¿Qué te gusta?	• ¿Qué te molesta?
• ¿Qué disfrutas?	• ¿Qué te desmotiva?
• ¿Qué te motiva?	• ¿Qué te hace ser menos eficaz?
• ¿Qué te hace ser más eficaz?	• ¿Qué te preocupa?
• ¿Qué te hace sentir el «estado de logro»?	• ¿Qué tienes pendiente?
....	....
....	....
....	....
....	....
....	....
....	....
	....

Capítulo 2
Qué no es coaching

El primer día llegué bastante nerviosa a su portal, me da la sensación de que fue hace mucho tiempo pero sólo ha pasado una semana... Hoy vengo más bien «emocionada», me apetece mucho la sesión ¡A ver qué descubro...!

Le mandé un resumen de mi cuaderno de trabajo, pero no le envié el DAFO, ni el listado de cosas que suman y restan, ni la plantilla previa a la sesión... Ya sé que no me viene bien, que así no puede prepararse la sesión, pero es justo eso lo que quiero... ¡Ahora es cuando sonrío maliciosamente al espejo del ascensor y me reluce un diente! Ji, ji, ji.

¡Quiero ver qué cara pone cuando vea mis debilidades! Esto debe ser mi afán insano de control... Bueno, perderemos un poco más de tiempo y prometo portarme bien para la próxima; pero hoy...

—¡Hola, Patricia! ¿Qué tal?

Me sonríe y esta vez me da dos besos desde el principio ¡Qué alivio! Pensé que otra vez me haría darle la mano... Y no parece enfadada conmigo por lo de los «deberes». Yo también le sonrío pero no le contesto, supongo que su «¿qué tal?» es una fórmula de cortesía y no una pregunta a bocajarro, claramente no espera una contestación...

—¿Quieres tomar algo? Ya sabes dónde puedes dejar tus cosas...

—¿Algo como qué?

—Agua, refresco, té...

—¿Café?

—No, lo siento, me temo que soy una convencida de la toxicidad del café y ni siquiera tengo cafetera... –dice «lo siento» pero su cara no refleja el más mínimo pesar, otra fórmula de cortesía...

—¿Coca-Cola?

—¿Sin cafeína? –Ja, ja, ja, estallamos las dos en carcajadas, ja, ja, ja, no sé por qué... ¡Esta mujer está loca! ¿De verdad que no tiene nada normal que ofrecerme? ¡Mejor que no me ofrezca nada!

—Era broma, ¿no?

—A medias, tengo también con cafeína...

—Pues una Zero, por favor. ¿Puedo preguntarte por lo del café?

—Sí que puedes, pero podría pasarme la hora u hora y media hablando de la cafeína y las bebidas carbonatadas... Mejor lo dejamos para cuando acabemos el proceso de coaching, ¿te parece bien?

—Sí, claro. –Desde luego se toma muy en serio el tiempo de las sesiones... Claro que con lo que cobra...–. ¿Podemos grabar esta sesión también?

—Por supuesto. –Esta vez tiene la grabadora encima de la mesa, a su manera se ha preparado–. Ya está puesta. Mira, Patricia, se me ha ocurrido hacer un experimento en esta sesión. Te propongo que confíes en mí y al final te explico todo, ¿sí? Me gustaría dividir la sesión en cuatro partes distintas en las que iré cambiando de rol, tú te dejas llevar y luego lo comentamos, ¿te parece?

—Vale.

—¡Vale! Entonces empezamos con la primera parte... –Se acomoda mejor en su silla, pone la espalda más recta y ladea un poco a la izquierda la cabeza. También tiene un tono más dulce de voz cuando continúa hablando–. Recibí tus notas del cuaderno de trabajo y me pareció muy interesante ver tu resumen de la sesión... ¿Te resultó útil tenerla grabada y volver a oírla?

—Pues sí, mucho, la he oído tres veces, la verdad... La última fijándome sobre todo en tus preguntas y en cómo llevas la sesión. –Sonrío.

Sonríe.

Sonrío.

Sonríe. Y ya necesito decir algo…

—También tengo que reconocer que así como me gusta todo lo que tú hiciste, no estoy nada contenta con lo que hice yo…

—¿Quieres que hablemos de eso ahora?

—No, la verdad es que no, me da un poco de vergüenza…

—Pues lo dejamos para más adelante. Además de los componentes más teóricos que reflejas en tu cuaderno de trabajo, quería saber cuál fue para ti el aspecto más relevante de la conversación.

—Bueno, sin duda el recordar lo potente que es el coaching y que, por más que yo me quiera hacer con un arsenal de herramientas para utilizar con mis clientes, la pregunta que genera consciencia es LA HERRAMIENTA.

—¿Y esto qué relación tiene con tu objetivo al venir aquí?

—Toda. Claro. Mi falta de confianza en el coaching como tal me hace no disfrutar de los procesos que hago. A lo mejor tú no lo ves así; pero para mí esto va directamente a una de las causas, a lo que quiero trabajar en este proceso.

—Ya sabes que lo importante es cómo veas tú las cosas, no cómo lo vea yo… De todas formas, si algo no entiendo no dudes que te preguntaré… ¿Hiciste los ejercicios?

—Sí. –Ahora sí me siento incómoda… No quiero decirle por qué no se los mandé…

—¿Y te resultaron útiles?

—Sí, mucho. Primero para refrescarlos, claro, ya no me acordaba del listado de cosas que suman y restan y nunca asocié el DAFO con las personas, sólo lo usé para temas empresariales… Lo que pasa es que me resultaron un tanto redundantes, porque al final las propias fortalezas y debilidades acababan apareciendo de manera más detallada en el listado de suma y resta…

—¿Para qué te ha servido realizarlos?

—Bueno, aunque no sea tu objetivo, el hecho de practicarlos y aplicármelos yo, me ha animado a usarlos con mis clientes...

—Patricia, ¿sobre los objetivos de quién estamos trabajando?

—Tienes razón, sobre los míos. –¡Vaya pillada!–. Pues ése era uno de mis objetivos, la verdad, ya te lo dije, así que sí, va en línea con las metas que yo tenía en mente. Les he propuesto a dos clientes ambos ejercicios, porque ya te he dicho que juntos me parecen redundantes, y creo que va a ser muy útil para nuestras siguientes sesiones...

—¿Te han servido para algo más?

—Claro... He tardado, he consultado con la almohada, he preguntado a mi gente más cercana... Me ha hecho reflexionar mucho sobre mí... Creo que desde hace cinco años que hice la formación de coach no me había parado tanto a reflexionar sobre mi persona...

—¿Y eso para qué te ha servido?

—¡Para muchas cosas! ¿Quieres que te las diga todas?

—¿Quieres decírmelas?

—Vaya..., no sé..., debería ¿no? Supongo que de eso se trata...

—Se trata de que digas lo que tú quieras y cuando tú quieras, ¡ya lo sabes! –Esta vez no sonríe, ahora está seria, le ha debido de molestar mi falta de ganas de compartir con ella mis «descubrimientos», pero claro, ni siquiera ha visto lo que he hecho, ¡¿cómo se lo voy a contar?! ¿Y por qué no me pide que se lo enseñe? Bueno, a lo mejor no sabe que le he traído una copia de todo, yo no se lo he dicho... Bueno, ¿y ahora qué hago? Me siento incómoda ¡Mucho! Debe de notarlo porque habla ella–. Patricia, cuando pensabas en esta sesión que íbamos a tener ¿Qué querías trabajar como objetivo de hoy?

—Esto.

—¿Esto?

—Sí, lo que he visto en los ejercicios, quisiera entender el porqué de mis debilidades, que me ayudes a entenderlas y corregirlas...

—Stop. Aquí paramos la primera parte de la sesión, ¿vale? Ahora vamos a situarnos las dos en el rol de observadoras. Como si saliéramos de aquí y lo viéramos desde fuera. ¿Sí? ¿Qué ha ocurrido en este rato?

—Básicamente que yo me he cerrado en banda y me he sentido... rara, con ganas por un lado de trabajar y por otro con reparos a la hora de verbalizar ciertas cosas...

—Muy interesante tu análisis sobre lo que te ha pasado... ¿Por qué crees que ha sido?

Me callo. Se calla. Me callo. Se calla. Gran silencio. Muy largo.

—¿Te tomaste un tiempo para preparar la sesión? –¡Vaya! ¡La primera en la frente! No sé qué decirle... Fija en mí esos ojos grandes e inquisidores...

—Sí lo preparé, pero se me olvidó enviártelo...

—¿Sí? ¿De verdad? –me pregunta arqueando las cejas y mostrando que no se lo cree ni lo más mínimo.

—No, es que no quería mandártelo... Lo siento... –Por favor, por favor. ¡No quiero empezar con los «lo siento»!–. Es una tontería pero...

—¿Pero?

—Pero prefería no hacerlo...

—¿De verdad? ¿Por qué?

—Yo... –No para de mirarme fijamente, realmente no me siento juzgada pero es como si estuviera colándose dentro de mi... ¡Lo sabe! ¡Sabe por qué no se lo he mandado...! Y aguanta el silencio... ¿Querrá que me humille confesando? Para mi sorpresa ella rompe el silencio esta vez.

—Pero me has dicho que los has hecho...

—Sí, todo.

—Patricia, me gustaría aclarar que la preparación de la sesión es algo que escribes para ti y sólo para ti; es decir, que no tienes que mandármelo si no quieres... Basta con que lo hagas... Por otro lado, como me dices que has preferido no enviármelo, ¿puede ser que te preocupe mi juicio sobre ti cuando lo lea?

¿Ves? ¡Lo sabía! Otra vez leyéndome el pensamiento con esos «superpoderes»... Ufff. ¿Y ahora qué hago? Bueno, respira, Paty, ¿por qué no ibas a mandárselo si lo tenías hecho? No es una deducción tan complicada... Y si se lo pregunto...

—¿Cómo lo sabes?

—Bueno, en nuestra anterior entrevista te mostraste un poco insegura, te disculpabas todo el rato, mirabas a todas partes, se te notaba nerviosa... ¿Es así?

—Sí, bueno, normalmente no muestro a la gente esta faceta, y normalmente no la siento como ahora, no sé qué me pasa, supongo que ése es uno de los motivos por los que te he buscado, porque me siento más insegura cada vez...

—¿Y por qué?

—Pues no lo sé, debo de estar en crisis...

—¿Desde cuándo te pasa?

—Supongo que siempre he tenido mi puntito de inseguridad pero ahora...

—Bueno, todo el mundo tiene sus inseguridades, normalmente porque nos ha faltado el reconocimiento de nuestros padres...

—Ummm. –¡Pero si me ha interrumpido! ¿A qué estamos jugando?–. Yo...

—Mira, Patricia, tengo la sensación de que estás a la defensiva conmigo. Creo que estás proyectando una parte tuya, que te juzga con dureza, en mi persona. Que estás esperando que te juzgue. ¿Te das cuenta?

Silencio, ahora me miro las manos... No me había dado cuenta pero todo mi cuerpo está en tensión, parece que he provocado justo lo que quería evitar... Me está juzgando... Pero esto no es coaching... Vale, es cierto, he estado un poco a la defensiva; bueno, vale, mucho... Pero es que me impone esta chica o la situación o... No sé, a lo mejor es porque estoy baja, pero creo que me estoy portando con ella como una cretina, igual que en la primera sesión... Ahora me siento estúpida, no quiero seguir hablando. Es más, me gustaría hacerme chiquitita hasta desaparecer, como el hombre menguante pero un poquito más rápido, para no tener que ver esa mirada... La verdad es que no me atrevo a levantar la vista. ¿Qué estará pensando de mí? ¡Cómo aguanta los silencios!

Bueno, como parece que no empiezo a menguar voy a mirarla. Ya está.

Su cara no refleja nada malo. ¿De verdad no me está juzgando? Me mira como una madre mira a su hijo, con… ¿ternura? ¿Acaso puede sentir eso por mí cuando apenas me ha visto y ni me conoce?

—Stop. Fin de la segunda parte. –¡Qué suerte la mía!–. ¿Cómo te has sentido ahora?

—Pequeña.

—¿Como si yo fuera más grande?

—Sí. También me he sentido entendida… Y como arropada por tu mirada. –Sigue sin sonreír; pero yo paso de más juegos, estoy tirando piedras sobre mi tejado, a ver si no lo olvido.

—¿Y no crees que es más o menos eso lo que se debe sentir cuando uno hace terapia?

—Pues sí, no soy una experta pero tiene sentido, ¡ya sabía yo que esto no era coaching! Pero antes de pasar a otro formato, déjame que te diga que no te mandé lo que hice porque siento un poco de rebeldía, y sobre todo porque temía tu juicio y quería verte la cara que ponías cuando vieras «mis entretelas»… Pero los he traído, los tengo aquí. Y tengo una copia para cada una porque imagino que querrás trabajar sobre ellos.

—¿Quieres tú que trabajemos sobre ellos?

Casi se me escapa otro «no»… ¡Paty! ¡Has dicho que te dejabas ya de jueguecitos! Bajo otra vez la mirada, por este diálogo interno «tan constructivo», pero disimulo el gesto buscando en mi cartera las copias. Las pongo sobre la mesa y le acerco las suyas a modo de repuesta.

Ella tampoco habla. Lo coge, lo ojea (a lo mejor quiere saber si está todo) y empieza a leer el cuestionario, no sé si porque es lo que quiere leer antes o porque era el papel de encima… ¡Qué tontería! Será porque tiene sentido empezar por ahí…

PLANTILLA PREVIA A LA 2.ª SESIÓN DE COACHING
1. ¿Qué he conseguido desde la sesión anterior? ✓ He hecho un resumen en mi cuaderno de trabajo sobre las cosas que no quiero olvidar. ✓ He hecho mi DAFO personal y el listado de cosas que suman y restan. ✓ He pedido *feedback*[6] a las personas de mi entorno más cercano. ✓ He pensado mucho sobre mí... **2. ¿Qué me propuse hacer y no hice?** ✓ Revisar los ejercicios y definir unas metas concretas para trabajar con Eire. ✓ Encontrar la manera de estar mejor con ella, menos defensiva. **3. ¿Qué quiero trabajar en mi siguiente sesión de coaching?** ✓ Un plan de acción sobre mis debilidades, pero antes creo que sería bueno entenderlas y ver cómo me las quito...

—Bueno, Patricia, si estás de acuerdo, a mí lo que me pide el cuerpo es que definamos el objetivo final. ¿Crees que podrías decirme en una frase cuál es tu meta en este proceso? Como si fuera un titular de prensa...

—Pues lo he estado pensando y sería algo así como: «Disfrutar más de mi trabajo y sentirme más competente».

—¿Esta meta, así formulada, engloba todas las cosas que me dijiste la semana pasada que quieres conseguir?

—Bueno, es más bien la consecuencia de conseguir todo lo que te dije... No sé si vale como meta...

---

6. Retroalimentación, conjunto de reacciones o respuestas que manifiesta un receptor respecto a la actuación del emisor, lo que es tenido en cuenta por éste para cambiar o modificar su mensaje.

—¿Por?

—Porque describe más bien el beneficio... Pero a mí me gusta así, ¿puede ser la meta una descripción del beneficio?

—No veo por qué no...

—¡Vale! Pues entonces ése es mi objetivo final; bueno, la meta, porque un objetivo tiene que ser más definido. ¿No? Y sí; la respuesta sería sí porque creo que trabajar mis debilidades me hará sentirme más competente y por lo tanto disfrutar más de mi trabajo. ¿Y podemos hacer juntas el definir las metas intermedias? Creo que serviría mirar el listado de cosas que suman o restan... ¿Le echamos un vistazo?

—¡Claro!

LISTADO DE FACTORES QUE SUMAN O RESTAN	
SUMAN	RESTAN
– Soy rápida intelectualmente. – Me gustan los retos. – Empatizo bien. – Genero buen clima con mis clientes. – Disfruto cuando les noto un «¡eureka!». – Me siento genial cuando he estado brillante en una sesión de coaching. – Tengo capacidad de análisis y síntesis. – Me gusta conocer gente distinta. – Con metas distintas. – Con características de personalidad distintas.	– La gente que no sabe lo que quiere. – Me faltan herramientas. – Dudo de mi eficacia en algunas sesiones. – Me inquieta no estar a la altura. – Me hace menos eficaz mi diálogo interno, me quita presencia... – Tengo pendiente el PCC (Professional Certified Coach). – Tengo pendiente hacer coaching en inglés. – Que las metas de mis clientes sean las mismas que yo tengo.

LISTADO DE FACTORES QUE SUMAN O RESTAN	
SUMAN	RESTAN
– Disfruto cuando comparo la diferencia entre cómo están mis clientes al empezar y terminar el coaching conmigo. – Quiero ser referente para otros. – Etc.	– Que me afecten personalmente las injusticias. – Que surjan emociones en la sesión con las que resuene. – No sé manejar los estallidos emocionales. – Etc.

—¿Qué te parece? –Se ríe y me mira. No está segura de si devolverme la pregunta...

—¿Te parece bien que vea también el DAFO?

—Sí, claro, está en la siguiente página, el DAFO me costó más, la verdad. Las cosas de fuera no las comenté con nadie, aunque ahora creo que algunos compañeros podrían haberme ayudado a ver más factores externos... Y para los factores internos hice un poco de encuesta, pero más o menos coincidíamos...

—¿Qué te resultó más fácil, listar las fortalezas o las debilidades?

—Las debilidades, claro, para las fortalezas me vino muy bien el preguntar a los demás porque a mí no se me ocurría casi nada... Y ahora que lo veo, parece que soy un poco creída porque me han salido muchas más fortalezas...

—¿Y qué lectura haces de esto?

—Bueno, supongo que lo bueno, como lo doy por hecho, no lo tengo muy presente... Quizá soy víctima de la educación en la modestia que casi todos recibimos en este país... Y que seguro soy de las que se fijan más en lo que falta que en lo que tienen... Eso me pasa en general con todo en mi vida, siempre estoy más pendiente del fallo que del logro...

—¿Y eso para qué te sirve?

—Bueno, pues... para machacarme, para machacar a mis parejas, amigos íntimos, familiares...

—¿Y para algo más?

—Sí, supongo que es la raíz de mi afán de mejora constante... Lo malo es cuando trato de mejorar a los demás, porque es un poco infantil querer hacer que la gente cambie...

—¿Cómo se relaciona esto que me cuentas con tu meta en este proceso? «Disfrutar más de mi trabajo y sentirme más competente».

—Me parece muy evidente, por un lado si me machaco no disfruto de mi trabajo, y si me fijo más en lo que me falta, no me siento para nada competente...

—¿Y esto es para ti un área de mejora?

—No, sí, vamos que sí, es un área de mejora pero no quisiera entrar en eso ahora, la verdad es que me gustaría que miraras el DAFO de una vez para quedarme más tranquila.

—Está bien. –Coge mis papeles y pasa a la siguiente página poniéndola al lado para ver las dos a la vez:

DAFO PERSONAL	
DEBILIDADES	**AMENAZAS**
– Poco manejo de las nuevas tecnologías. – Inseguridad esporádica, muy autocrítica. – Insuficiente dominio del inglés. – Falta de herramientas y recursos para aplicar en las sesiones. – Poca creatividad. – Hipersensibilidad, dominio de la evasión. – Hiperresponsabilidad.	– Crisis de empresas y particulares (recorte de gastos). – Competencia que desvaloriza el trabajo bajando en exceso los precios. – Muchas personas reconduciendo su carrera profesional hacia el coaching (aumento de la competencia).

FORTALEZAS	OPORTUNIDADES
– Visión empresarial. – Capacidad de análisis y síntesis. – Empatía, escucha. – Proactividad, mente inquieta, buscadora. – Afán de mejora. – Optimismo realista. – Claridad en la comunicación, intuición. – Autoconocimiento, trabajo personal.	– Posibilidad de promoción en internet. – Muchos clientes que reconducen su carrera profesional y buscan coaching. – Difusión en los medios del coaching. – Está de moda.

—¿Y? –Creo que le he dejado tiempo más que de sobra para que lo lea, pero no levanta la vista del papel... Ya me incomoda demasiado... Me mira, sonríe–. ¿No me vas a decir nada? –Acabo de dejar que me vea «las entretelas», debería decirme algo, ¿no?

—Ya veo por qué te han resultado redundantes...

—¿Y? –¿Es que no me va a decir nada más? ¿Eso es todo? Bueno, tampoco sé muy bien que haría yo si fuera ella... Qué debería decirme...

—Patricia, en este proceso de coaching, ¿Cuánto quieres avanzar en «disfrutar más de tu trabajo y sentirte más competente»?

—¿Cuánto? ¡Ah! Quieres cuantificarlo... Pues, si te digo la verdad, es que me sale un «todo» pero ya sé que no es realista... Quizá me gustaría llegar a un punto en el que no me preocupe por esto...

—Eso me suena a indicador, ¿no?

—Sí. No preocuparme por ello sería el indicador de haberlo conseguido... Sí.

—¿Se te ocurren más indicadores?

—Bueno, supongo que me sentiré mucho más feliz pero es un indicador difícilmente cuantificable... Levantarme con ganas de la cama... No sé, ese tipo de cosas... Creo que es muy difícil de medir, la verdad...

—Bueno, ya iremos entrando en los intangibles… Ahora sería interesante que te plantees una meta para el proceso. Puede ser de 1 a 10 o en tanto por ciento de las veces o como mejor te encaje…

—Bueno, pues… A día de hoy no disfruto con mi trabajo casi nunca. ¡Vaya! Dicho así suena muy fuerte… Y me debo de sentir… como un 6 de competente… Así que podríamos decir que lo ideal para mí sería… No, perdón, lo ideal no, mi meta para este proceso sería: disfrutar casi siempre de mi trabajo y sentirme un 9 de competente.

—¿Eso es realista?

—Ehhh… pues no sé, quizá el 9 sea mucho… Bueno… puedo estar bien sintiéndome en un 8 en «competente»…

—Patricia, aquí hacemos otro STOP y vamos a la tercera parte, esto considéralo un paréntesis de coaching. ¿Tú sabes que yo he sido consultora muchos años? Bueno, pues te propongo que examinemos tu DAFO desde un enfoque de consultor, formador o mentor… ¿Te parece bien?

—¡Síííííííííí! ¡Me encanta la idea!

—¿Qué te encanta de la idea?

—No sé, ¡me imagino que me vendrá genial!

—¿Y algo más?

—No sé, no caigo…

—¿Te lo piensas?

—¡Vale! Pero hazlo, ¿sí?

—Sí. Veamos, estas oportunidades que mencionas, ¿estás haciendo algo para aprovecharlas?

—Eh… No, bueno, no estoy haciendo nada directamente, la verdad…

—¿Por qué?

—Pues no sé, no lo he visto necesario…

—Pero el otro día me comentabas que tenías menos trabajo, ¿no sería el momento de intentar sacar provecho para tener más clientes?

—¿Cómo podría ser?

—Con lo que dices aquí en el DAFO:

«Posibilidad de promoción en internet».

¿Por qué no te promocionas en internet?

«Muchos clientes que reconducen su carrera profesional y buscan coaching».

¿Y cómo te pueden encontrar?

«Difusión en los medios del coaching».

«Está de moda».

¿Tú contribuyes a esa difusión? ¿A que esté de moda?

—¡Vaya repaso me acabas de pegar! De momento no hago nada... Bueno, es que tampoco lo he necesitado hasta ahora... Pero tienes razón, podría empezar a moverme en ese sentido...

—Bien, ¿y qué me dices de tus fortalezas? ¿Las aprovechas al máximo?

—Pues sí, yo creo que sí, pero... no sé. ¿Tú qué crees?

—No puedo saberlo, no te he visto trabajando y dando lo mejor de ti... ¿Pero tú crees que lo haces?

—Sí, en general sí...

—Vale, ¿y sobre las amenazas? ¿Tienes planes alternativos por si ganan terreno y te imposibilitan tu trabajo?

—No. –Vaya, me empiezo a sentir un poco idiota... porque no me he parado a pensar en esto... ¿Por qué no me he parado a pensar en esto?–. No sé, la verdad es que no lo he pensado... Supongo que sigo haciendo lo mismo por inercia... Pensando que tarde o temprano las cosas mejorarán... Las empresas volverán a invertir en desarrollar a sus equipos, serán más conscientes de cómo ayuda el coaching en la mejora del rendimiento, mi competencia dejará de tirar los precios porque ya no será necesario y aunque muchas personas se estén formando como coaches, ya les llevo casi seis años de ventaja, no deberían ser mejores que yo...

—Todo lo que dices puede ocurrir... O no. Deberías tener un plan B por si no ocurre o por si tarda demasiado en ocurrir y no puedes ganar con tu trabajo lo que consideres suficiente...

—Pues tienes razón, no lo había pensado, quizá me pasé de optimista… Debería tener un plan B… ¿Qué hago?

—Primero, tendrías que tener claro qué es lo importante para ti en el trabajo, si esto del coaching es vocacional, con qué cosas disfrutas, qué otras cosas podrías hacer que se te dieran bien, etc. Si lo que quieres es ganar dinero sin importarte mucho el contenido del trabajo, tendrías que enfocarte en desarrollar alguna profesión que esté o vaya a estar en breve en auge…

—No. No, no, no. Hasta ahora he tenido la suerte de poder trabajar en lo que quiero y ganar lo suficiente para cubrir mis necesidades, que tampoco son muchas… Si dentro de un tiempo tengo que renunciar a esto porque la crisis se agrava lo haré, pero de momento no quiero planteármelo… Prefiero seguir intentando lo que creo que puedo disfrutar… Aunque claro… Ahora me voy a quedar rayada con lo que me has dicho…

—Bueno pues «quedarte rayada» con lo que te he dicho, lamento decirte que no te serviría de nada. Tendrías una preocupación que te consumiría energía de manera innecesaria ya que dices que de momento no te pondrías a ello…

—¿Y entonces qué hago?

—Tal como yo lo veo, deberías hacer dos cosas: la primera dedicar un tiempo a pensar un plan B que te resulte motivador, que esté en la línea de tu visión y misión en la vida. La segunda, ponerte una fecha de revisión para volverte a plantear si deberías pensar en dedicarte a algo que no te llame la atención *a priori* pero que te garantizaría ganar dinero.

—¡Vaya! ¡Me parecen bien las dos cosas!

—Paramos un momento, Patricia. ¿Cómo te has sentido en este ratito?

—Muy bien, la verdad, mucho más tranquila y estoy encantada de la cantidad de cosas que me has propuesto…

—¿Te ha parecido coaching?

—No, la verdad, pero sí muy útil.

—Mira, Patricia, no creo que ningún coach se atreva a decir que no son útiles la consultoría, el asesoramiento, el *mentoring,* la formación, la terapia o cualquier otra cosa… Simplemente el coaching no va por ahí… Ya sabes que es otra manera…

—Sí, claro, ¿pero por qué me ha gustado tanto?

—¿Quieres que vuelva a interpretarte como un terapeuta?

—¡Sí, por favor!

Ja, ja, ja, ahora sí que nos reímos las dos con ganas. ¡La verdad es que me empieza a caer muy bien! No lo noto pero creo que las cosas van por donde ella quiere… Ya sé que no debería querer esto, que es falta de fe en el coaching, ¡pero lo quiero!

—Bueno, pues allá va mi conclusión… Te pedía al principio de la sesión que me dejaras hacer el experimento, y te lo agradezco, creo que ha resultado útil. La semana pasada me decías que no veías claro cómo ayudar a alguien con algo en lo que tú no sabes ayudarte y me daba la sensación de que no te situabas en el plano de igualdad que caracteriza el coaching, te situabas por debajo, como cuando me has dicho hace nada que te sentías chiquitita… Eso no es coaching. En esta última fase, aunque no parece que te hayas dado mucha cuenta, también te situabas por debajo (relación alumno-maestro) y esto no es coaching; pero te ha gustado porque situarte bajo mi «supuesta sabiduría» te hace perder la responsabilidad, y eso es cómodo, la responsabilidad queda en mi mano y soy yo la que tiene que pensar por ti… No sé si me estoy explicando muy bien…

Silencio. Bajo la mirada mientras me van calando sus palabras. Mi cara se ha puesto muy seria, estoy mal. Bueno, no tan mal, porque todo esto que estudié en la teoría nunca lo había vivido en la práctica y la verdad es que es toda una experiencia… Creo que tiene toda la razón… También creo que si no es de esta manera nunca lo hubiera visto… No lo hubiera sentido tan claro…

Le digo «gracias» pero sigo sin levantar la mirada. Ella sigue en silencio. ¡Cómo no! Al cabo de un rato de echar humo por las orejas ella me dice:

—Lo siento, pero el experimento nos ha llevado más tiempo del que pensaba… ¿Tienes prisa o puedes quedarte un poco más? Me gustaría acabar la sesión con un poquito de coaching. –¡Y me guiña un ojo! Me parece un gesto de lo más desenfadado… No sé cómo pero con ese guiño y su sonrisa le ha quitado todo el hierro a la situación… ¡Qué ganas de oír la grabación a ver si lo entiendo más…!

—Sí, claro, me puedo quedar más, hoy no tengo prisa… Es más, ¡gracias! Porque realmente no me apetece nada acabar así…

—¡Perfecto! ¿Cómo te apetece acabar?

—Bueno, supongo que toda sesión debe acabar con un plan de acción, ¿no?

—¡Parece lo ideal! De todo lo que hemos estado hablando, ¿hay algo que te gustaría llevar a la acción?

—Sí, ¡sí! ¡Muchas cosas! Veamos, lo primero sería lo del plan B, ¡es que me ha llegado al alma! Voy a dedicar un tiempo a pensar en esto.

—¿Cuándo lo harás?

—Me temo que con mi impaciencia empezaré hoy mismo…

—¿Necesitas algo, además de decidirlo?

—Bueno, pues creo que preguntaré a algunos compañeros… Lo que más necesito es tiempo, la verdad, lo haré por las noches que me gusta estar tranquila… Por cierto, ¿se te ocurre alguna herramienta?

Ja, ja, ja, ya estamos otra vez a carcajada limpia, pero es eso nuestra risa, «limpia».

Después dedicamos unos minutos a hablar sobre cómo trabajamos en coaching la visión personal y la misión. Quedo en repasar mis apuntes de la formación de coach y en ir mandándole por correo lo que vaya haciendo, y ella me dirá alguna cosa más que yo no haya encontrado si se le ocurre.

Esto del plan B resulta más complicado de lo que parecía porque para que sea motivador tiene que alinearse con mi visión y para definir mi misión personal tendré también que dar un repasito a mis valores… Como parece que me llevará tiempo, me propone vernos en quince días esta vez. Estoy totalmente de acuerdo. ¡Y deseando!

Coaching NO es:

- Mentoring.
- Formación.
- *Counselling* (anglicismo que comprende diversas áreas de trabajo y requiere de una formación profesional superior que apunta a la prevención y atención de problemas de la vida cotidiana o conflictos relacionados con crisis vitales tales como sexualidad, adolescencia, relaciones de pareja, adicciones y otros con un importante uso de recursos provenientes de la psicología. Wikipedia).
- Consultoría.
- Terapia.
- Etc.

NextiaD

El coaching profesional es un proceso de entrenamiento y, además de muchas otras diferencias, lo principal es que en éste, **coach y coachee están en el mismo nivel.** No se trata de que un experto dé soluciones ni consejos; sino que la persona encuentre sus propios recursos para lograr sus metas.

Otras diferencias:

- Duración de los procesos.
- Formación de los profesionales.
- Certificación profesional.
- Experiencia previa.
- Experiencia previa empresarial.
- Responsabilidad de los resultados.

¿Y qué ventaja aporta el coaching?:

- La responsabilidad de los resultados es del cliente.
- El compromiso con el plan de acción que se deriva es total, ya que lo diseña el propio cliente a su medida y con sus condiciones.
- Fomenta el autodescubrimiento vs. la receta mágica.

- Aunque se realice coaching ejecutivo, la autoconsciencia genera siempre el crecimiento personal.
- Aunque se puede considerar profesión de ayuda, el coaching fomenta la interdependencia, no la dependencia.
- Es un método rápido y eficaz.
- Es motivador y eleva la autoestima al basarse en la proactividad.

Otras herramientas:

1. ANÁLISIS DE VALORES – DEFINICIÓN DE MISIÓN PERSONAL.
2. TRABAJO SOBRE LA VISIÓN PERSONAL.

VALORES – MISIÓN – VISIÓN

ANÁLISIS DE VALORES

Ejercicio:

1. Hacer un listado de 10 valores propios (honestidad, lealtad, amor, amistad, inteligencia, aventura, salud, dinero...). Pueden tomarse ejemplos de otros para obtener ideas.
2. Ir quitando uno a uno 7 valores. El primero al que renuncias será el menos importante para ti. Cuando empieza a costar eliminar valores, pensar que a cambio se obtiene algo muy importante para ti o para los demás.
3. Al quedar sólo 3 valores de los 10, puedes ver qué cosas son más importantes en tu vida.
4. Los tres valores que quedan hay que ordenarlos. Para ver cuál tiene el primer, segundo y tercer puesto para ti, pregúntate cuantas veces sea necesario: ¿si tuviera A sin B me valdría? ¿B sin A me valdría? ¿C sin A me valdría? ¿B sin C?...

Este trabajo con los valores, si está bien hecho, puede resultar muy **revelador:**

- Te das cuentas de lo que más valoras.
- Haces conscientes cosas que sabías inconscientemente.

- Colocas los valores que te vienen de la cultura y la familia.
- Te das cuenta de que algunos valores, aunque importantes, no te cuesta quitarlos de la lista y otros te cuesta mucho. A veces hay sorpresas.

Ayudas: Para encontrar los propios valores, puede ser útil observar las características de personas que admiras o admirabas de pequeño/a. Valen personajes históricos, de ficción (libros, cómics, cuentos, fábulas, películas, series...), familiares, etc.

De este ejercicio resulta una **escala de valores** propia y única para cada persona. Los valores que suelen salir, están interiorizados desde la infancia y adolescencia (aunque nuestra idea de ellos haya evolucionado).

La escala de valores que resulta no es fija. Es la que se tiene en un momento dado y puede variar (normalmente varían en los puestos que ocupan; pero son los mismos valores casi siempre).

Las variaciones se producen habitualmente después de acontecimientos vitales relevantes (tener niños, divorciarse, la muerte de un ser querido, una enfermedad, etc.) o de crisis personales profundas.

Reflexión sobre los propios valores:

- Los valores nos dicen CÓMO nos gustaría vivir. En qué creemos y cómo somos.
- Cuando el día a día es contrario a nuestros principales valores entramos en crisis.
- Hay que vigilar que estén en la misma línea valores y trabajo (para ser felices).
- Vigilar que estén en la misma línea mis valores y el bien de la humanidad (si no es así, revisar hasta entender y corregir)
- De vivir los propios valores en el día a día surge la famosa AUTOMOTIVACIÓN.

DEFINICIÓN DE MISIÓN PERSONAL

Ejercicio:

- Buscar un sitio tranquilo y acogedor para reflexionar sobre la propia misión.

- Misión: qué quiero hacer con mi vida.
- Redactar todo lo que venga a la cabeza, incluso con escritura automática, es decir, sin prestar atención consciente a lo que se está escribiendo.
- Intentar conectar con la propia esencia personal, con aquello que me define, con aquello que me gusta hacer, que se me da bien, que da sentido a mi vida...
- Estructurar las ideas de manera que pueda quedar todo resumido en un párrafo.

Ayudas: Para definir la propia misión pueden verse ejemplos de otras personas que lo hayan redactado. Lo ideal es que en la misión queden reflejados los principales valores. Conectar con lo que creo que es el propósito, el sentido de mi vida. Me puede ayudar pensar en las cosas que me entusiasman, que me encanta hacer, que se me da bien hacer, que me hacen sentir feliz, alegre. Mis habilidades o cualidades que me hacen única/o. Pensar de qué manera, que me haga feliz, puedo contribuir al bien común.

TRABAJO SOBRE LA VISIÓN PERSONAL

¿Hacia dónde me dirijo?

- En una organización, la visión define y describe la situación futura que desea tener la empresa, el propósito de la visión es guiar, controlar y alentar a la organización en su conjunto para alcanzar el estado deseable de la organización.
- En una persona es lo mismo: situación futura deseable.
- La visión es como el horizonte, nunca se alcanza porque al llegar deja de ser horizonte, no es una meta; pero marca la dirección a seguir. Orienta como una brújula.
- Es importante definir una visión motivadora, retadora y realista.
- Tener una visión personal clara no sirve de nada si no se definen metas intermedias concretas que se reflejen en el día a día.
- Alinear la actividad diaria con la visión personal, dota de sentido a la vida y da satisfacción a la persona.

Ejercicio:

- Buscar un sitio tranquilo y acogedor para reflexionar sobre la visión personal.
- Imaginar qué me gustaría haber logrado en mi vida a todos los niveles en un plano temporal concreto (5, 10, 20, 30 años, cuando acabe mi vida).

Ayudas: A algunas personas les resulta útil expresarlo artísticamente, otras imaginan qué decir de sí mismos en una reunión de antiguos alumnos... Siempre es útil consultarlo con la almohada.

Peter Lto

----------Mensaje original----------
De: Cuesta Gómez, Patricia [mailto:paty0099@gmail.com]
Enviado el: sábado, 29 diciembre, 12:49
Para: Eire
Asunto: Post-sesión 2.ª

Hola, Eire:
Te mando adjunto mi cuaderno de trabajo, esta vez me ha costado mucho más hacerlo (bueno, desde el jueves que nos vimos) porque he tenido que desempolvar mucha información...
Quería decirte que aunque concluimos con el plan de acción del plan B, fue sobre todo porque me «shockeo» pero no está en la línea de mi meta en este proceso de coaching y no le voy a dar prioridad. Miraré visión y misión porque creo que siempre es interesante, pero voy a ir más allá en el período

entre las sesiones y, después de oír la grabación, he decidido concretamente hacer una lista de mis objetivos:

1. Dejar de sentirme insegura profesionalmente.
2. Sacar el PCC.
3. No sentirme incompetente o ineficaz.
4. No sufrir con mi trabajo.
5. Dejar de llevar mal a los clientes indecisos.
6. No dejarme sobrepasar por las emociones de los clientes, ni por las cosas que considero injustas.
7. Dejar de desaprovechar las oportunidades.

¿Te parece bien?

Saludos,

Paty

Patricia Cuesta

Coach profesional ACC por la ICF

----------Mensaje original----------

De: Vallejo O'Connor, Eire [mailto: eire@estoescoaching.es]

Enviado el: sábado, 29 diciembre, 17:10

Para: Patricia

Asunto: RE: Post-sesión 2.ª

Hola, Patricia:

¿Prefieres que te llame Patricia o Paty? Lo pregunto por tu firma en el correo... Tu lista de objetivos me ha parecido muy completa. Quisiera animarte a que formules otra vez tus objetivos pero esta vez de manera positiva. El único que expresas con lenguaje positivo es el del PCC. Me gustaría que recordaras la diferencia entre centrarse en los problemas o centrarse en los resultados cuando formulamos los objetivos.

Quizá veas que algunos se pueden agrupar...

¡Seguimos en contacto!

Un abrazo,

Eire Vallejo O'Connor

ESTO es COACHING

PCC

----------Mensaje original----------
De: Cuesta Gómez, Patricia [mailto:paty0099@gmail.com]
Enviado el: sábado, 29 diciembre, 22:34
Para: Eire
Asunto: Post-sesión 2.ª

Hola, Eire:
Todos mis amigos me llaman Paty.
Gracias por tu sugerencia de formular los objetivos en positivo...
(¡Parezco nueva!). ¿Puedo ser un poco pedante? Ji, ji, ji... A ver así:
1. Sentirme segura profesionalmente, competente y eficaz.
2. Sacar el PCC.
3. Divertirme con mi trabajo.
4. Aprender a llevar bien a los clientes indecisos.
5. Saber gestionar adecuadamente las emociones de los clientes, y mis sensaciones de injusticia.
6. Examinar cómo aprovechar las oportunidades.
¡Mucho mejor!
Saludos,
Patricia Cuesta
Coach profesional ACC por la ICF

----------Mensaje original----------
De: Cuesta Gómez, Patricia [mailto:paty0099@gmail.com]
Enviado el: jueves, 3 de enero, 12:24
Para: Eire
Asunto: Visión y misión

Hola, Eire:
¡¡Feliz año nuevo!!
¡Espero que lo hayas empezado muy bien!
Quería comentarte que estoy trabajando mucho en todos los ejercicios que encuentro para establecer la misión, visión y examinar valores...
Y preguntarte si hay algún ejercicio que tú recomiendes más, porque me parece que hay demasiados...
Saludos,
Patricia Cuesta
Coach profesional ACC por la ICF

----------Mensaje original----------
De: Vallejo O'Connor, Eire [mailto: eire@estoescoaching.es]
Enviado el: jueves, 3 enero, 17:00
Para: Patricia
Asunto: RE: Visión y misión

Hola, Patricia:
¡Feliz año!
Personalmente me gusta cómo trabaja este tema Covey, el autor de *Los 7 hábitos de las personas altamente efectivas.* ¿Lo conoces? ¿Lo has leído?
¡Te deseo lo mejor para el nuevo año!
Un abrazo,
Eire Vallejo O'Connor
ESTO es COACHING
PCC

----------Mensaje original----------
De: Cuesta Gómez, Patricia [mailto:paty0099@gmail.com]
Enviado el: jueves, 3 de enero, 20:44
Para: Eire
Asunto: Re: Re: Visión y misión

Eire:
¡Qué buena idea! ¡Sí que lo tengo! No sé dónde pero ahora lo busco. Lo leí hace años y recuerdo que me gustó mucho, incluso lo recomendé a algunos clientes… No sé por qué lo he dejado caer en el olvido, la verdad…
Sé que salió otro libro del octavo hábito y alguien me lo regaló, voy a ver si también lo encuentro y empiezo con él. ¿O me recomiendas otro?
Algún día tenemos que hablar de libros, para mí y para los clientes, ¿vale?
Un abrazo,
Patricia Cuesta
Coach profesional ACC por la ICF

----------Mensaje original----------
De: Vallejo O'Connor, Eire [mailto: eire@estoescoaching.es]
Enviado el: jueves, 3 enero, 21:47
Para: Patricia
Asunto: RE: Visión y misión

Patricia:
Por supuesto hablamos de libros cuando tú quieras. Ahora mismo no sabría cuál recomendarte porque tendría que saber para qué lo quieres, claro.
Ya sé que te apetece ir muy rápido pero, en mi opinión, ya te pones mucho trabajo para hacer entre sesiones, definir misión y visión es algo que te llevará bastante tiempo si lo quieres hacer bien... Si estás de acuerdo, yo dejaría las lecturas para más adelante.
Te mando un enlace que me ha llegado que te puede gustar:
http://www.youtube.com/watch?v=i07qz_6Mk7g&sns=em
Un abrazo,
Eire Vallejo O'Connor
ESTO es COACHING

----------Mensaje original----------
De: Cuesta Gómez, Patricia [mailto:paty0099@gmail.com]
Enviado el: martes, 8 de enero, 11:14
Para: Eire
Asunto: varios

Hola, Eire:
Tenías razón, misión-visión me ha ocupado mucho tiempo y desde luego más del que pensaba... Pero estoy contenta porque me reafirma en lo que estoy haciendo y me recuerda por qué lo elegí... No veo interés en trabajar más en el coaching sobre esto así que, si no me indicas lo contrario, lo dejaré aquí.
Además he estado reflexionando sobre el tema de tus honorarios y he pensado que también quiero dejar aquí el tema. Intentaré pagarte el precio de colegas, voy entendiéndolo... Si veo que no llego te lo comento y buscamos alternativas, ¿vale?
Te adjunto la plantilla previa a la sesión.
Un abrazo,
Patricia Cuesta
Coach profesional ACC por la ICF

PLANTILLA PREVIA A LA 3.ª SESIÓN DE COACHING

1. **¿Qué he conseguido desde la sesión anterior?**
   - ✓ He hecho el resumen en mi cuaderno de trabajo sobre las cosas que no quiero olvidar.
   - ✓ He decidido que me doy un plazo de un año para, hasta entonces, no volver a pensar si «tengo que vender mi alma al diablo».
   - ✓ He hecho un listado de objetivos intermedios para mi meta final.
   - ✓ He reflexionado y encuestado sobre mi plan B y he decidido dejarlo para cuando termine este proceso de coaching. Me pondré a ello cuando vea si logro o no lo que quiero.
   - ✓ He pensado mucho sobre mí... he analizado visión, misión, valores...
2. **¿Qué me propuse hacer y no hice?**
3. **¿Qué quiero trabajar en mi siguiente sesión de coaching?**
   - ✓ Un orden priorizado de mis objetivos y empezar a trabajar alguno...

----------Mensaje original----------
De: Vallejo O'Connor, Eire [mailto: eire@estoescoaching.es]
Enviado el: martes, 8 enero, 18:09
Para: Patricia
Asunto: RE: Varios

Patricia:
Me parece muy bien todo lo que dices...
¡Nos vemos!
Un abrazo,
Eire Vallejo O'Connor
ESTO es COACHING

Capítulo 3
Las bases de un proceso de coaching

Bueno, pues ya estoy en su portal por tercera vez... La verdad es que estoy encantada y aún no hemos empezado casi...

—¡Hola, Patricia! ¿Qué tal?

Me sonríe y nos besamos. Ella además me pone la mano en el brazo al acercarse... ¡Qué distinta me siento!, realmente es como si me hubiera quitado un gran peso de encima, ahora me siento como «en forma» para una sesión de coaching...

Veo sobre la mesa la grabadora y una Coca Zero al lado de un vaso, en su sitio, un cuaderno bastante austero (¡tendría que regalarle uno más chulo!), mis correos en papel y una infusión de esas que huelen divinamente pero vete tú a saber cómo saben...

—Pasa, ponte cómoda, por favor. ¿Te apetece la Zero o prefieres hoy otra cosa?

—No, así está bien. ¿Puedo preguntarte algo? –Me mira y sonríe pero en el fondo noto que no le ha hecho demasiada gracia... Bueno, es igual, es sólo una preguntita...–. Me gustaría saber por qué nos sentamos a la mesa en vez de sentarnos en esos sofás que tienes ahí con tan buena pinta...

—Pues básicamente porque yo asocio el trabajo con estar en una mesa, además es lo ideal para tomar notas, aunque tú no escribes nada porque estamos grabándonos, muchas personas sí que lo hacen, y yo misma escribo a veces tus palabras textuales para volver sobre ellas..., ¿satisfecha tu curiosidad?

—Sí. Bueno, no. Lo que dices lo entiendo pero entonces ¿para qué tienes los sofás? ¿Es sólo por decoración? –Ladea la cabeza, está pensándose si contestarme ¡Vaya! ¡Ahora soy yo la de la lectura del pensamiento ajeno! Ji, ji, ji.

—No es sólo por decoración. Hay situaciones en las que es más indicado sentarse en el sofá para que los clientes se relajen, y yo también los uso cuando estoy sola. Cuando un cliente no ha hecho nunca coaching suelo empezar el proceso sentados en los sofás para conocernos y decidir si seguimos adelante, es más informal y luego, cuando empezamos de verdad el proceso, ya nos sentamos en la mesa… ¿Ahora sí? –Ahora sonríe otra vez, menos mal, porque sonaría muy borde su pregunta… Pero tiene razón, estamos «perdiendo» el tiempo. Asiento con la cabeza–. Pongo ya la grabadora. En tu correo me decías que hoy querías…

—¡Espera! Tengo una petición de última hora… Quisiera pedirte que te ajustes al GROW[7] lo máximo posible para ver cómo lo haces… Bueno, tampoco en plan examen; pero supongo que hoy ya no me vas a dejar irme por las ramas y me parece bien, y me puede resultar muy interesante verte «en acción» cuando oiga la grabación. Mientras, te prometo que me dejaré coachear, ¿vale?

—Patricia, yo estoy aquí para ayudarte a conseguir tus objetivos. ¿Estamos de acuerdo?

—Sí, claro.

—¿Cómo encaja esto que me pides en la consecución de tus objetivos?

—Pues… Bueno… Ya sé que me vas a decir que el coaching es mucho más que estructurar una sesión con este modelo pero… Para mí es importante…

—Claro que es importante, lo que pasa es que suena más a supervisión…

---

7. Traducción al castellano «crecer». Más información en el cuaderno de trabajo de este capítulo.

—Pues tienes razón… Mira, de momento creo que prefiero ir por donde vamos… Ya lo trabajaré yo, porque la verdad es que necesito sentirme segura en las bases…

—De hecho iba a preguntarte qué te gustaría trabajar hoy, si lo que me has mandado esta mañana u otra cosa… Eso es empezar por el principio…

—Bueno, en la plantilla previa te puse todo lo que he hecho… Estoy contenta porque he trabajado mucho, está ahí todo detallado. Te pongo que me gustaría empezar a trabajar en una de mis metas, pero antes tendría que priorizarlas, si a ti te parece bien, claro…

—Claro, lo único, antes de entrar en ello, déjame comprobar que he entendido bien lo que pones: cuándo hablas de «vender tu alma al diablo» ¿a qué te refieres exactamente?

—Sí, hombre, lo que estuvimos hablando el otro día, lo de buscar otra forma de ganarme la vida que me garantice unos ingresos aunque no sea mi vocación… Y, ¿sabes?, después de analizar valores, visión y demás, creo que tampoco sería tan grave, que seguro que hay más cosas que me gustan; pero como ves me he dado un año. Estoy contenta con el coaching, está totalmente en sintonía con mi visión y misión personal y creo que si consigo lo que busco en este proceso, esos objetivos que te dije, puedo conseguir más clientes, o más bien lanzarme…

—¿A qué te refieres con «lanzarte»?

—Pues mira, es que desde que te lo mandé, lo de los objetivos, le he dado más vueltas y creo que lo último que detallo de metas…, ¿lo tienes en papel?

—Sí, claro.

—Bueno, ahora lo vemos; pero quiero que entiendas que el dejar cosas para más adelante no es porque no les dé importancia, es sólo que me da miedo despistarme de lo que más me importa. Creo que el abordar muchas cosas a la vez es una forma de evadirme, y esta vez no me voy a dejar. Ahora quiero centrarme en esos objetivos, porque es lo que más me urge además de ser importante. El plan B o pensar un cambio de carrera profesional, ahora no me corre prisa, puede que no lo necesite... –Creo que le estoy dando demasiadas explicaciones, ¿estoy intentando justificarme? Yo creo que lo que digo es razonable... En su cara no leo ninguna sorpresa ni desagrado pero... Bueno, hoy me voy a dejar estar más tranquilita...–. ¿Te parece si miramos los objetivos que puse? Me gustó mucho formularlos en positivo, por cierto...

Ella saca la hoja en la que los tiene y veo que en otras hojas, lo que hace es escribir en ellas, como si fuera un documento de trabajo... O simplemente para aprovechar el papel... Ya, vamos a centrarnos en mis objetivos...

1. Sentirme segura profesionalmente, competente y eficaz.
2. Sacar el PCC.[8]
3. Divertirme con mi trabajo.
4. Aprender a llevar bien a los clientes indecisos.
5. Saber gestionar adecuadamente las emociones de los clientes, y mis sensaciones frente a las injusticias.
6. Examinar cómo aprovechar las oportunidades que señalé en el DAFO.

—Entiendo que la numeración es aleatoria, ya que dices que en esta sesión quieres priorizarlos..., ¿es así?

—Sí, quiero priorizarlos, para empezar a trabajarlos...

—¿Cómo quieres priorizarlos?

—Bueno, esperaba alguna sugerencia tuya...

—Patricia, esta sesión voy a intentar no salirme del coaching si no es estrictamente necesario... ¿Quieres pensar cómo priorizarlos?

8. Profesional Certified Coach por la ICF (International Coach Federation, USA).

—Sí, bueno, de hecho ya lo he pensado pero me cuesta...

—Imagina que tienes un cliente que se presenta con estos seis objetivos y quiere priorizarlos, ¿qué le dirías?

—Yo siempre aconsejo empezar por el objetivo más fácil para aumentar la motivación en el proceso...

—¿Y quieres hacerlo tú?

—No sé..., venga voy a pensarlo... –Se hace un largo silencio que, para no variar, ella no interrumpe ni verbal ni no verbalmente–. A ver, creo que el seis está en su lugar, el último, porque creo que necesito lograr los otros antes de planteármelo... Y con el dos, ahora que lo pienso, me debe pasar lo mismo... Antes de «lanzarme», a esto me refería, a sacar el PCC me interesa más conseguir los anteriores...

—¿A qué te refieres?

—A que inconscientemente debo retrasarlo... Hace tiempo que tengo los impresos para solicitar el PCC pero no lo hago, me digo que estoy liada pero saco tiempo para lo importante, y esto es importante pero no saco tiempo, así que supongo que alguna parte de mí no está muy convencida... Y debe de ser la que toca el resto de los objetivos... –Uff... sigue sin apetecerme demasiado entrar en inseguridades..., esto es una maniobra de distracción; pero lo mismo funciona. Escribo en un papel–. Entonces quedarían así:

1. Sentirme segura profesionalmente, competente y eficaz.
2. Divertirme con mi trabajo.
3. Aprender a llevar bien a los clientes indecisos.
4. Saber gestionar adecuadamente las emociones de los clientes, y mis sensaciones frente a las injusticias.
5. Sacar el PCC.
6. Examinar cómo aprovechar las oportunidades que señalé en el DAFO.

Mira lo que escribo y lo hace en silencio... Está bien, voy a centrarme...

—Bueno, Eire, visto así parece que hay tres bloques...

—¿Cómo serían los tres bloques?

—Mira:

1. Sentirme segura profesionalmente, competente y eficaz. 2. Divertirme con mi trabajo.
3. Aprender a llevar bien a los clientes indecisos. 4. Saber gestionar adecuadamente las emociones de los clientes, y mis sensaciones frente a las injusticias.
5 Sacar el PCC. 6. Examinar cómo aprovechar las oportunidades.

—¿Ves? Las dos primeras tienen que ver conmigo, las dos segundas tienen que ver con cuando estoy con los clientes y las dos últimas con lo que te digo que me debo boicotear yo a mí misma...

—¿Verlo así te ayuda a priorizarlo?

—Sí. Bueno, el último es prioridad C, la única duda es si trabajar antes el primer bloque o el segundo...

—¿Y qué prefieres?

—Prefiero trabajar antes el segundo, así que será más importante el primero... Empecemos por el primero, que ya está bien de rehuirme... –Suspiro. Ella no lo sabe, pero me ha costado mucho tomar esta decisión, demasiado, me siento agotada y ni hemos empezado, y la verdad es que ahora mismo se me ha pasado toda la ilusión de venir y sólo quiero salir corriendo... No sé qué me pasa con esto, bueno sí, ponerlo por escrito y hablar de ello lo hace más real... Antes era más una hipótesis...

—Bien. ¿Y por cuál de los dos crees que te vendría mejor empezar?

—Pues... Por el primero, porque a lo mejor no me divierto tanto con el trabajo porque no llego a sentirme segura, competente y eficaz...

—¿Puedes concretarme qué es para ti «sentirte segura, competente y eficaz»?

—Sí, claro... Sería sentir que domino la situación de coaching, que pase lo que pase sabré reaccionar bien, que soy buena en lo que hago, que saco el máximo provecho para mis clientes de las sesiones... No sé, más o menos eso.

—Cada una de las cosas que has mencionado ¿tiene entidad en sí misma o para ti son facetas distintas de un mismo prisma?

—Lo segundo, para mí van juntas...

—De 1 a 10 ¿cómo te calificarías en «sentirte segura, competente y eficaz»?

—Es curioso, porque yo creo que sí que soy segura, competente y eficaz, y sin embargo no me siento así... No lo había pensado... La idea que tengo sobre mí y cómo me siento ¿¡son distintas cosas¡?

—¿Lo son?

—Bueno, pues supongo que no deberían, o que acabarían por ser lo mismo, pero ahora mismo, sí..., son distintas... ¿Por qué me preguntas por cómo me siento y no por lo que pienso de mí?

—Porque estoy usando tus palabras. Tú lo has escrito así...

—Es verdad, lo siento, tienes razón... –Debe de ser otro mecanismo defensivo de esos que me monto yo sola para evitar entrar...–. A ver, me pondría un 5 en lo que a sentimiento se refiere.

—¿Y tu objetivo es llegar a...?

—¡Al 10! ¡Claro! Bueno, quizá no sea muy realista... Yo a mis clientes no les dejo que aspiren a tanto... Es una estupidez. El 10 es la perfección y no es posible. Te diría un 9 porque no quisiera parecer prepotente… Sí, ya lo sé, un 9 es mucho partiendo de un 5 y un 5 al fin y al cabo es un aprobado; pero para mí no es suficiente; necesito más, así no estoy cómoda, no me siento a gusto con mi trabajo… No siempre he estado así; pero sí, ahora es un 5…

—¿A qué te refieres con lo de que no siempre has estado así?

—A que antes esto no me pasaba…

—¿Cómo te sentías antes de 1 a 10?

—Bueno, supongo que al principio me sentía muy… Es que mira, yo llegué a esto del coaching como sin querer… Fui a una conferencia, conocí lo que era y pensé que podría ser un reto… Y empecé la formación con ánimo de aprender pero no pensaba dedicarme a ello, me parecía una herramienta útil para usar con mi equipo, de hecho perfecta para desarrollar a las personas, pero era totalmente contraria a mi estilo de liderazgo… –No puedo evitar una sonrisa al recordar los viejos tiempos…

—¿Por qué es importante que sepa yo todo esto?

—Porque quiero que entiendas que yo no me presionaba ni lo más mínimo, que me lo tomaba como un juego, y cuando me formaba y mis supervisores me destacaban mis cualidades de coach, yo estaba tan tranquila y tan confiada que probablemente estaba en el 9 o 9,5… Mis primeros clientes fueron mis colaboradores y estábamos todos tan contentos…

—¿Y cómo llegaste del 9,5 al 5?

—¡Eso quiero yo saber! ¡No consigo entenderlo! De hecho por eso he venido aquí, porque por más que lo pienso no sé qué c… me está pasando.

—¿Cómo notas que estás en el 5?

—Pues… ¡Buena pregunta! –No sé por qué no me lo he planteado yo antes–. A ver, tengo más estrés del habitual, me noto ansiosa antes de las sesiones con mis clientes… Alguna vez me ha pasado pensar en mitad de la sesión: «¿Lo estaré haciendo bien?», otras veces lo pienso al final… Me pregunto si les habrá servido, si he dado lo mejor de mí, si he hecho todo lo posible por ampliarles su perspectiva...

Se produce un largo silencio. Ella tiene una mirada de interés genuino mientras mi cabeza echa humo casi literalmente...

—Uf, ¡yo qué sé! No sé qué más decirte, una o dos veces al año salgo contenta pensando que he estado brillante en una sesión... ¡Una o dos veces! ¡Eso es muy poco!

—Te escucho decir que en una o dos ocasiones «has estado brillante». ¿Has estado brillante tú o la sesión fue brillante?

—La sesión fue brillante porque YO estuve brillante...

—Paty, ¿qué partes intervienen en una sesión?

—Ummm, no sé a qué te refieres...

—¿El que una sesión sea brillante de qué depende?

—De que yo haga unas preguntas brillantes, en el preciso momento... Y que el cliente vea cosas que no estaba viendo, cosas importantes...

—Entonces en tu opinión, corrígeme si me equivoco, estás diciéndome que la sesión es brillante en función de cómo actúa el coach..., ¿es eso?

—Sí... –Bueno, dicho así no me suena nada bien... A ver...–. Sí, eso estoy diciendo porque, bueno, hombre, a veces hay clientes que no entran... Pero... –Me callo...

—Para ti, Paty, entonces ¿qué ocurre en una sesión de coaching? ¿Qué elementos intervienen?

—Ya, pero es que... No sé a qué te refieres con elementos...

—Bueno, antes te pregunté: «¿De qué depende que una sesión de coaching sea brillante?», y me dijiste: «Del coach»...

—De las preguntas que haga el coach y de lo que se deje el cliente, de lo que entre...

—¿Y de qué más?

—Bueno, es que aquí me puedo ir a las once competencias... Pero vamos... básicamente..., para mí... es que el coach haga preguntas que generen consciencia en el cliente y que éste, a la luz de las nuevas cosas que ve, lleve a cabo planes de acción, o cambie de actitud en algunas cosas o vea algo que antes no veía y que le facilite la consecución de sus objetivos...

—Entonces, desde tu punto de vista, ¿la pregunta es la única herramienta que hace tomar consciencia o responsabilidad a un coachee?

—Sí. –Silencio–. Sí, la verdad es que sí...

—¿Te ha pasado alguna vez que, en alguna sesión, la consciencia se tomara, por ejemplo, por el silencio?

—Sí.

—O ¿has visto alguna vez los efectos, simplemente, de que una persona sea escuchada?

—Sí...

—¿Te ha pasado alguna vez que un coachee, sólo por hablar, ordenara él mismo sus ideas y descubriera algo de lo que él mismo ha dicho, sin que se hiciera ninguna pregunta?

—Sí...

—¿Todo esto te dice algo respecto de tu primera respuesta de que la pregunta es la única herramienta que hace tomar consciencia...?

—Vale, pues no es sólo la pregunta, es la pregunta y el silencio... y el estar..., la escucha, el estar para el otro...

—Entonces, una sesión ¿es brillante únicamente por lo que hace el coach?

—No. –Nos quedamos en silencio...

—Entonces, ¿Cuándo una sesión es brillante? ¿En mayor medida por el coach? ¿Por el coachee?, ¿por lo que se da entre ellos? ¿O cómo?

—Primero... Para mí primero el coach... Que el coach lo haga bien... Que esté para el otro, que le escuche y que con preguntas y silencios... Y con la escucha y la manera de estar... que el cliente genere consciencia... Pero para mí lo más importante es el coach... porque si no, podría hacer coaching cualquiera, si lo importante fuera el coachee... Y no puede ser... Y no es así...

—¿Lo importante es el coach o lo que hace el coach?

—Es lo que hace el coach.

—Lo que hace el coach…

—Sí…

—Y, viendo por partes, ¿es lo que hace o también el cómo lo hace?

—Lo que hace y cómo lo hace… Ciertamente… Sí… Sí.

—Entonces ya tenemos dos ingredientes más: qué es lo que hace el coach y luego cómo lo hace el coach…

—Sí, sí.

—¿Qué es importante para ti en la actuación de un buen coach? Me has dicho antes… las preguntas…, el silencio…

—La escucha…, la reformulación, el hacer de espejo… Esas cosas…

—Vale, todas esas cosas. ¿Y el cómo lo hace? Porque imagínate un coach que hace todas estas cosas y tú le escuchas y dices… Ummm ¡No! ¡Aquí falta algo! Entonces ya estamos en el «cómo»… ¿Cómo tiene que hacer estas cosas un coach?

—Pues con… respeto… Con… ¡Con cariño!, te diría yo…, ja, ja, ja –me suena un poco raro…–. No sé si es aprecio, cariño, intención… –Claro es que si me oigo…, parece que falta todo el lado humano del coach, como si fuera una máquina a la que le metes la estructura, la teoría, las preguntas y la escucha y la máquina hace el coaching… ¡Suena ridículo!

—Entonces, tenemos lo que hace el coach y cómo lo hace… ¿Qué más determina que una sesión pueda ser brillante?

—Que el cliente se deje.

—Que el cliente se deje…

—Claro, que no se defienda y que se permita pensar en las cosas bien… Sin… Sin sacar las defensas… Que entre…

—¿Y quién decide aquí si ha sido brillante o no la sesión?

—Yo. –Ja, ja, ja, me parto de la risa… Ella no–. Eso lo decido yo porque aunque el cliente me diga que le ha venido muy bien…, si a mí me ha parecido una m… –Ja, ja, ja.

—¿Qué te dice esto? Que contestas rápidamente «YO» y luego te echas a reír automáticamente… ¿A qué te suena esto?… –Vaya. Se me corta toda la risa… Esto es importante… Lo pienso…

—Me suena… Me suena muy prepotente…

—¿Qué te está indicando esto? ¿Qué estás dejando de lado?

Gran silencio… Resoplo… Me parece una pregunta importante… Quizá demasiado… ¡Qué buen ejemplo de «generar consciencia»! ¡Qué tía!… No sé…

—¿La otra parte?…

—A ver, la otra parte… Me has dicho las cosas que intervienen en que una sesión sea buena. Por un lado está el coach, por otro está el coachee… ¿No?

—Sí.

—¿Falta algo?

—Bueno… –¡Dios! Ya me echa humo la cabeza otra vez… ¡Es como estar al borde del precipicio! ¡O como tener algo en la punta de la lengua! ¡O como saber que detrás de esto está «la luz al final del túnel»!…–. A ver… La relación que se da entre los dos, ¿no?… Una relación de confianza para que el cliente se deje, para que piense, para que esté tranquilo, esté a gusto, y pueda profundizar…

—Y en esta relación de confianza que se establece entre coach y coachee para ti ¿quién participa?

—Los dos.

—Los dos… –Asiento con la cabeza.

—¿Entonces cuántos elementos puedes sacar que participan?

—Tres:

1. El coach.
2. El coachee.
3. La relación entre ambos.

—¿Se pueden considerar tres partes diferentes?

—Sí…

—Entonces, cuando tú has dicho: «Una o dos veces al año salgo contenta pensando que he estado brillante en una sesión». Has dicho «HE» estado brillante ¿A qué parte te estabas refiriendo? –¡Dios mío! ¡Qué certera! Me apetece escurrirme como el jabón… De sus manos… Ahora estoy siendo el coachee que no se deja entrar… ¡Respira, Paty!

—No… A las tres… Yo he estado brillante pero en realidad se han dado las tres partes… Para que la sesión sea brillante, y me lo parezca, han tenido que estar muy bien las tres cosas… Si no, no me parece brillante…

—¿Y qué te parece a ti el hecho de hayas dicho «he estado brillante» ahora que eres consciente de esos tres elementos?…

—Ya… Ya… Claro… Pues… Pues ahora que lo pones así es como que… No, yo no he estado brillante, ha sido brillante todo… O sea… Yo he estado brillante, el cliente ha estado brillante y la… la química que se ha generado entre ambos… ha sido… lo suficientemente buena para que los dos estemos brillantes…

—Ummm. ¿Eso te hace ver cómo funciona el coaching de otra manera?

—Sí, sí… Porque… me quita…, me quita la responsabilidad…

—¿A qué te refieres con «responsabilidad»?

—Más que responsabilidad… sería peso… El peso… Me quita el peso de toda la sesión… Me quita una parte del peso… Si hay tres partes, mi peso está en la primera parte claramente y en la tercera… En la relación…

—Si tuvieras que repartir en porcentajes «tu peso» en el establecimiento de ese ambiente, esa relación… ¿Cuál sería?

—Pues… me pongo yo un… un 70 por 100

—Entonces tú entiendes un 70 por 100 en tu parte y un 30 por 100 en el otro. ¿Qué te hace pensar que tu cliente aporta menos que tú a la relación?

—Creo que como coach tengo la responsabilidad de hacer que él se sienta a gusto, confiado y libre de poder expresar las cosas…

—¿Y lo que me estás diciendo no forma parte del primero?

—Bueno, iría entre el primero y el tercero, ¿no?

—Claro, pero tú has separado tres elementos…

—Mira, mi imagen sería… tres círculos que convergen…, como así:

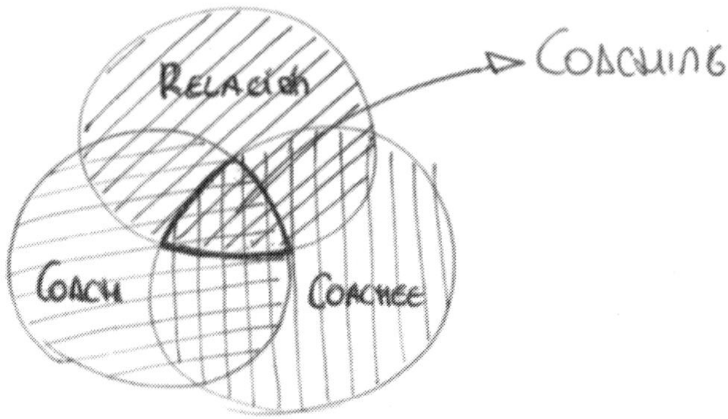

Se lo dibujo pero al hacerlo veo que no estoy muy segura…

—Y en el centro está lo brillante… Sí que creo que hay cosas que se interfieren…, ¿sabes?… Aunque podría ser así:

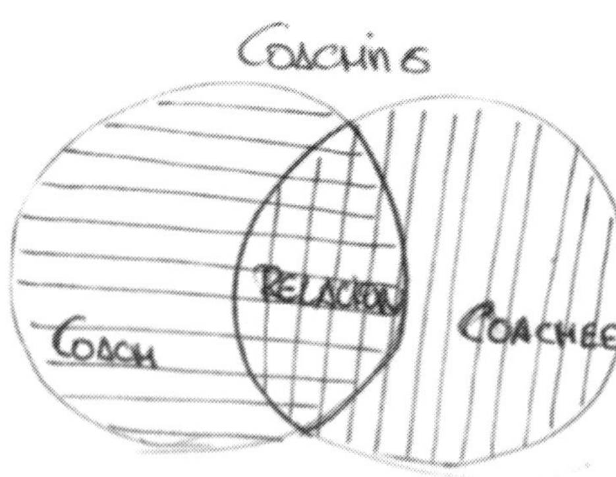

—En el tercer elemento yo pongo unas cosas, el cliente pone otras y sale lo que sale… Pero pienso que yo tengo más responsabilidad que el cliente en generar ese clima porque es una de las cosas que a MÍ me toca…

—¿Es sólo clima lo que hay en esa parte?

—No, no es sólo clima, el clima se genera por todo lo que yo he hecho en mi parte... Por el estar para el otro, por estar centrada y con la intención de que le sirva y por... ese..., ese cierto aprecio o cariño, o no sé cómo llamarlo... Una cierta implicación... o conexión emocional... La verdad es que no sé cómo explicarlo...

—¿Y tú te sientes más responsable que tu cliente de crear esa parte? ¿Es así?

—Sí.

—¿Y dónde queda entonces la responsabilidad, y la aportación única e individual del coachee?

—La responsabilidad del coachee queda en su círculo y en la intersección entre su círculo y la relación... Porque claro, yo puedo poner todo de mi parte y hablar con todo el respeto y toda la valoración y «todo lo que sea del mundo» a alguien, y ese alguien no entrar... El cliente tiene que entrar... Él tiene que entrar a un sitio que yo le preparo... O sea, yo me siento ahí como una anfitriona... Como si tú vinieras a comer a mi casa, ¿no?... La que prepara la comida, pone la mesa, prepara el entorno para que tú estés a gusto soy yo... Yo me siento la anfitriona y la más responsable...

—Hablas de «anfitriona». ¿Te parece que eso es un plano de igualdad?

—No. Ciertamente no... No es un plano de igualdad, sinceramente...

—Y cuando tú miras lo que sientes cuando estás en una sesión de coaching..., ¿puedes sentir que hay un plano de igualdad entre tú y tu coachee?

—Ya. –¡Ya me ha pillado otra vez! ¡Ésta es otra en la frente! ¡Parece que hoy toca cura de humildad! ¡Seguro que me viene muy bien!–. Bueno, pues ése sería un punto que me falla, ¿no?

—Si te olvidas de la teoría y miras la verdad de lo que sientes... Antes has hablado de pensar una cosa y sentir otra... Tu verdad sincera, a la hora de aproximarte a la sesión ¿sientes la igualdad?

—A ver…, siento una igualdad… de un ser humano a otro… Pero…, pero sí me siento anfitriona, o sea que no…

—¿A qué conclusión llegas con esto? –Silencio, ¡qué incómodo!

—A que estoy fallando en la clave…

—¿Fallando?

—Pues sí…, claro… Si fallo en considerar al cliente como igual… –La verdad es que ya no quiero seguir por aquí… Yo ya lo dejaba así…

—¿Podemos decir que los sentimientos son fallos?

—Pues sí… ¿Por qué no? Bueno, hay sentimientos… No sé si sería «fallo» la palabra… Pero hay sentimientos que ayudan y los hay que entorpecen… Éste sería de los que entorpecen…

—¡Ah! ¡Eso suena distinto!

—Ya, sí…

—¿Es un fallo?

—No… Mejor lo llamamos «área de mejora», ¡por Dios! –Ja, ja, ja, ja–. Eso suena mucho mejor… –Ja, ja, ja. Nos callamos… Pufff…–. Hay coaches que opinan que la responsabilidad del cliente es mayor que la del coach… Lo sé, pero no lo siento así… Por muy bien que lo haga yo… hay personas que no pueden llegar a establecer esta relación… Por mucha escucha y muy brillante que yo pueda estar… ¿Cómo puedo creer que estoy al 50 por 100 de responsabilidad con el cliente si no lo siento así?…

—Bueno, el cliente puede no llegar a ver lo que sea, pero si yo siento que he hecho todo lo que he podido… Si considero que he hecho todo lo mejor que podía, pues… Claro, pero no es lo mismo que una sesión sea brillante, que que el coach haya estado brillante… ¡Así cómo voy a disfrutar!… Tendría que revisar mi nivel de exigencia…

—Vale, Eire, gracias por tu silencio… ¿Podemos apuntarlo como un área de mejora y dejarlo de momento? ¡De verdad que me va a estallar la cabeza!

—Vale, como quieras… ¿Te interesa explorar las diferencias entre el presente y el pasado?

—¡Vale! –No sé a qué se refiere pero me va bien cualquier cosa que cambie de tercio, la verdad…

—Si retomamos tu frase de que a día de hoy «una o dos veces al año sales contenta pensando que ha sido brillante una sesión», ¿debo entender que… antes era más?

—Sí. Bueno, supongo que sí… o simplemente no me lo planteaba…

—¿Y qué ha cambiado para que ahora te lo plantees?

—¡Mierda! ¡No lo sé! –¡Mierda! Ya se me ha escapado un taco…–. Lo siento…

No, por Dios, que ahora no se quede callada, necesito que diga algo, lo que sea… Respira, Paty, bebe un sorbo, serénate, así no conseguimos nada… La miro un poco de reojillo y no parece que le haya molestado mi exabrupto… Es más, está tan normal… No lo entiendo…

—Bueno, pues entonces te propondría que pensaras, ¿qué haces distinto ahora que al principio?

—¡Ya te lo he dicho! Antes no sentía presión, ni pensaba en que podía hacerlo mal…

—Patricia, me hablas de sentimientos y pensamientos, yo te pregunto por acciones…

—¡Ah! Es verdad, lo siento. –¡Ya estoy otra vez!–. Estaba obcecada y no veía más allá; pero tienes razón, no me he parado a pensar en las acciones… Déjame pensar… Ummmm… Bueno, la única diferencia que veo es que, como estaba empezando, estaba muy pendiente del GROW y de las competencias de ICF…[9]

---

9. La International Coach Federation (Federación Internacional de Coaching) es una organización sin ánimo de lucro de asociación individual formada por profesionales de todo el mundo que practican el coaching profesional y personal, con más de 16.000 miembros en más de 90 países. Los objetivos básicos de ICF son promover el arte, la ciencia y la práctica del coaching profesional.

—¿Y eso para qué te servía?

—Para estar segura de que lo hacía bien, claro…

Otro silencio… Ya veo por dónde va… Tendría que concluir que a lo mejor volviendo a eso vuelvo a sentirme segura… Pero yo sé que no, que no son las acciones, que es mi actitud… Pero tampoco puedo estar tan segura, no lo he intentado… ¿Por qué no lo he intentado yo antes? ¿Por qué no se me ha ocurrido a mí?

—Vale, Eire, creo que ya sé por dónde vas…

—Patricia, yo no voy por ningún sitio, tú vas, yo sólo te he preguntado por la tercera faceta del famoso «siento-pienso-actúo» porque tú no lo mencionabas, por si te podía resultar útil…

—Sí, lo siento, ya sé que no me has dirigido, pero está claro que me has hecho ver algo que no veía y he pensado que puedo probarlo… Puedo oír la sesión esta y ver un ejemplo del GROW y ver cómo sigues las competencias de ICF… Desempolvar los apuntes… Repasar antes de las sesiones… Sí, no creo que sea todo lo que necesito pero puede ser un principio… Al menos tendría que intentarlo… Bueno, parece que de la «Realidad» hemos pasado a las «Opciones» comparando la situación actual con la anterior y mejor… Supongo que habría que ir a la «W»… A ver…, lo de desempolvar los apuntes lo haré hoy mismo, mañana oiré la sesión… aunque eso no sé si está directamente relacionado… Mejor sería repasar apuntes de cara a mis sesiones, a ver si teniendo más en mente el modelo GROW me «siento» más competente… Pues mañana mismo tengo dos clientes, te escribo luego y te cuento… –Sonrío. No sé por qué pero ahora me parece que puede funcionar, me siento más animada, ¡menos mal! Pero… ¡Vaya parrafada le estoy soltando!–. Si me vas a preguntar por indicadores de éxito, te digo desde ya que no hay. –Se ríe–. Que el éxito va a estar en función de la utilidad de hacer esto y la utilidad la voy a juzgar, o medir, que suena más amable, en función de mi sentimiento, si me siento mejor, ha funcionado; y si no, no ha funcionado… Así de simple… Así que, si estás de acuerdo, lo dejamos así, ¿vale?… –Vaya, no sé si me he pasado de «mandona»…

—Como quieras, Patricia, ¿qué te llevas de esta sesión?

—Bueno pues… Me llevo lo que quería, hemos priorizado… –Esta vez su lenguaje no verbal me corta la frase, parece que algo la echa para atrás…, ¿qué será?… ¡Ah! El «hemos»–. Lo siento. –Sonríe–. He priorizado mis objetivos y he empezado a trabajar sobre uno, el más importante, creo, yo diría lo de ¡prueba superada!

—¿Y cómo te has sentido?

—A ratos, la verdad, ahora estoy animada a probar esto aunque me cabrea un poco que no se me haya ocurrido a mí sola… Sí, ya lo sé, es así esto del coaching, así es lo normal pero ¿qué hay del autocoaching? Bueno, y el caso es que a ratos me he sentido un poco desanimada, porque creo que todo esto va a tocar algo de muy adentro y me revuelvo un poco toda yo…

—Gracias por tu sinceridad. –Amplia sonrisa–. ¿Te parece bien que lo dejemos así?

—Bueno, ya que estamos, me gustaría saber tu opinión sobre el autocoaching…

—Lo dejamos para el final del proceso, ¿vale?

—¡Vale!

Recojo mis cosas y me dispongo a irme. Ha sido una sesión curiosa, creo que ha cumplido los estándares de la ICF… Pero no sé, parece que realmente yo no quería bucear, me alegro muchísimo de que no me haya forzado; pero tengo claro que la tregua no durará eternamente…

Concretamos vernos en diez días y ya en la puerta me giro y le digo «gracias». Me ha salido del alma… no lo he podido evitar. «Un placer», me responde con una sonrisa en la boca y en los ojos.

LAS 11 COMPETENCIAS DE ICF (International Coach Federation)

- **Sentar las bases:**
  1. Respetar las normas éticas y deontológicas.
  2. Establecer el acuerdo de coaching.
- **Crear conjuntamente la relación:**
  3. Establecer confianza e intimidad con el cliente.
  4. Presencia del coaching.
- **Comunicar con eficacia:**
  5. Escucha activa.
  6. Cuestionar con fuerza.
  7. Comunicación directa.
- **Facilitar el aprendizaje y los resultados:**
  8. Crear confianza.
  9. Diseñar las acciones.
  10. Planificar y definir los objetivos.
  11. Gestionar el proceso y la responsabilidad.

1. **Cumplimiento de los lineamientos éticos y los estándares profesionales:** Entender la ética y los estándares del coaching y habilidades para aplicarlos apropiadamente en todas las situaciones de coaching.
   Cumplir con el código deontológico*.

2. **Establecer el acuerdo de coaching:** La habilidad de comprender lo que se requiere en una interacción específica de coaching y llegar a acuerdos con el futuro cliente sobre el proceso de coaching y la relación a establecer.
   Cuando se empieza con un cliente nuevo, explicarle bien qué es el coaching, qué puede esperar y el acuerdo de confidencialidad.

3. **Establecer confianza y cercanía con el cliente:** La habilidad para crear un ambiente seguro y de apoyo que produzca permanente respeto y confianza mutua.
   Generar un buen clima (de respeto y confidencialidad) en las sesiones para que el cliente se sienta bien y se le pueda «desafiar» para un máximo aprovechamiento.

* *NOTA: tengo que mirar los niveles requeridos para PCC cuando me ponga a ello.*

4. **Presencia del coach:** La habilidad de ser totalmente consciente y crear una relación espontánea con el cliente, empleando un estilo abierto, flexible y confiable.

   Ésta es la más difícil de explicar; para mí es estar para el cliente y nada más... Olvidarte de ti mismo para centrarte en el otro, dejarte estar, que te lleve tu intuición no tus prejuicios o juicios.

5. **Escucha activa:** La habilidad de enfocarse por completo en lo que el cliente está diciendo y no está diciendo, para comprender el significado de lo que se dice en el contexto de los deseos del cliente, y apoyar la autoexpresión del cliente.

   Yo creo que añadiría a la escucha activa la escucha empática.

6. **Preguntas poderosas:** La habilidad para hacer preguntas que revelen la información necesaria para un beneficio máximo en la relación de coaching y para el cliente.

   Para mí ésta es LA COMPETENCIA. Todo lo demás es acompañamiento a esta competencia. Y es la que más quebraderos puede traerme porque quiero hacer la pregunta oportuna en el momento oportuno y de la forma oportuna...

7. **Comunicación directa**: La habilidad de comunicarse efectivamente durante las sesiones de coaching y utilizar un lenguaje que tenga un gran impacto en el cliente.

   Ésta es la más fácil si no eres farragoso con tu lenguaje y la más difícil si buscas la excelencia porque implicaría bucear en el «entrar en el quién», que decimos en coaching.

8. **Abrir espacios de conocimiento o darse cuenta:** La habilidad para integrar y evaluar con precisión múltiples fuentes de información y hacer interpretaciones que ayuden a que el cliente caiga en la cuenta y de esta manera logre los resultados esperados.

   Ayudar a que el cliente explore y descubra nuevas perspectivas, esto te hace sentir competente...

9. **Diseño de acciones:** La habilidad para crear con el cliente las oportunidades de aprendizaje continuo, durante el coaching, en situacio-

nes en el trabajo o de la vida diaria; y a tomar nuevas acciones que le llevarán de la manera más efectiva posible a los resultados acordados para el coaching.

Confirmar que el plan de acción se establece sobre la base del estilo de aprendizaje del cliente, no forzarle con lo que «yo creo que tendría que hacer».

10. **Planifica y establece las metas:** La habilidad para desarrollar y mantener un plan de coaching efectivo con el cliente.

    Comprobar que los objetivos parciales y la meta propuesta en el proceso de coaching van en la misma línea.

11. **La gestión del progreso y la responsabilidad personal:** La habilidad para mantener la atención en lo que es importante para el cliente, y dejar la responsabilidad en el cliente para actuar.

    No imponer herramientas o acciones y dejar que el cliente vaya definiendo los próximos pasos.

MODELO GROW

Método creado por Graham Alexander y que John Whitmore ha hecho famoso. Se estructura en cuatro fases:

1. **Goal:** Establecer la meta

Toda sesión de coaching empieza definiendo una meta para alcanzar en la sesión. Si la meta es amplia, se dividirá en pasos intermedios hasta decidir qué se puede abarcar en el tiempo que dura la sesión. La definición ha de ser clara y concisa para servir de guía.

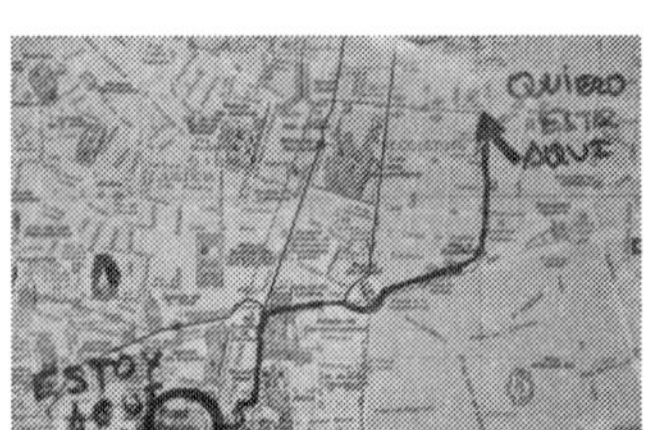

2. Reality: Examinar la realidad
Una vez definida la meta que se quiere conseguir, hay que analizar la realidad del cliente y determinar el GAP (distancia) existente entre lo que hay y lo que se quiere que haya y los recursos disponibles para conseguirlo.

3. Options: Generar opciones
Sabiendo el punto de partida y el de llegada, el siguiente paso consiste en generar opciones para cubrir esa distancia y tener éxito. Para cada opción se examinarán costes y beneficios, dificultades y recursos necesarios. Si se manejan varias opciones habrá que seleccionar la que el cliente considere la de mayor garantía de éxito. A veces en esta fase el cliente decide cambiar de meta porque no le merece la pena el coste asociado a su objetivo inicial.

4. Way (What, When, Who): Determinar qué se hará, quién, cuándo…
Esta fase es la del plan de acción en la que definir lo más concretamente posible qué hará, cuando lo empezará y acabará, qué indicadores de éxito tendrá en cuenta, qué recursos usará, qué ayuda pedirá, etc.

John Whitmore:
«La secuencia GROW fuera del contexto de la consciencia y la responsabilidad, y de la habilidad de interrogar para generarlas, tiene escaso valor».

Nota: cuando empezamos a hacer coaching todos vamos rápidamente a la W sin explorar bien las anteriores.

Importante: definir y aclarar muy bien el objetivo, de esto dependerá toda la sesión.

Ejemplos de preguntas:
(Algunas son del libro de J. W. Coaching, Ed. Paidós)

META

- ✓ ¿Qué le gustaría haber logrado al final de esta sesión de coaching?
- ✓ ¿Imaginemos cuál sería su situación de trabajo ideal dentro de un año. Describa con cierto detalle cómo es una jornada laboral típica para usted (esto puede ser dentro o fuera de su empleo actual, sin juicio alguno de mi parte).
- ✓ ¿Cuáles son los elementos de ese escenario que usted más ansía en este momento?
- ✓ ¿Qué importancia tiene cada uno de estos elementos para usted? (Puede usar una escala de 1 a 10).
- ✓ ¿Cuál sería entonces su meta en el trabajo?
- ✓ ¿Para cuándo desearía alcanzar esa meta?
- ✓ ¿En el fondo, ¿qué pretende realmente de su vida laboral?
- ✓ ¿Si eso le parece algo distante de su situación presente, proponga un par de hitos a lo largo del camino.
- ✓ ¿Desde su posición actual, ¿cuál sería el primer paso que podría dar?

- ♦ ¿Cuál es el tema o asunto sobre el cual usted querría trabajar?
- ♦ ¿Qué tipo de resultado espera obtener al final de esta sesión de coaching?
- ♦ ¿Hasta dónde quiere llegar y qué es lo que espera conseguir en esta sesión?
- ♦ ¿A largo plazo, ¿cuál es su meta relacionada con el tema? ¿Cuándo quiere lograrla?
- ♦ ¿Qué etapas intermedias puede identificar y cuándo piensa alcanzarlas?

Sanja Gjenero

REALIDAD

- ¿En qué medida cree que esta situación está bajo su control? (A menudo es muy difícil para los clientes comprender que su situación en última instancia depende su elección. Con frecuencia, se sienten víctimas y, por ende, impotentes.)
- Al margen de las frustraciones diarias, ¿qué aspecto de su trabajo le causa más insatisfacción?
- ¿Cuál es la inquietud que hay detrás de la insatisfacción?
- ¿Qué tipo de cosas podrían mitigar esa inquietud?
- ¿Qué más le preocupa? Dígame algo más al respecto.
- ¿Qué tipo de personas y qué tipo de actividades le desagradan en el trabajo?
- En la oficina, ¿con qué frecuencia se siente positivo y cuándo es negativo? Veamos en qué situaciones se siente positivo.
- ¿Con qué tipo de personas y actividades disfruta más en el trabajo?
- ¿Cómo son esas personas y actividades que le agradan?
- ¿Qué cualidades representan? ¿Dónde más encuentra esas cualidades?
- ¿Qué actividades son significativas para usted, dentro y fuera del trabajo?
- Si tuviera que establecer un propósito para su vida, ¿cuál sería?
- Si ahora tuviera la oportunidad de escribir su necrología, ¿qué le gustaría decir acerca de su vida?

✓ ¿Cuál es la situación presente, con más detalle?
✓ ¿Cuál es su mayor preocupación al respecto?
✓ ¿A quién afectará este problema, además de a usted?
✓ ¿Quién más está enterado de su deseo de hacer algo al respecto?
✓ ¿Cuánto control personal tiene sobre el resultado?
✓ ¿Quién más tiene algún control sobre el resultado, y en qué medida?
✓ ¿Qué medidas de acción ha tomado hasta ahora?
✓ ¿Qué le impide hacer algo más?
✓ ¿Cuáles son los obstáculos que necesita superar para seguir adelante?
✓ ¿Qué barreras internas o qué resistencias personales le impiden emprender una acción?
✓ ¿Con qué recursos cuenta? ¿Habilidad, tiempo, entusiasmo, dinero, apoyo, etc.?
✓ ¿Qué otros recursos necesitaría? ¿De dónde los obtendrá?
✓ ¿Cuál es realmente el problema aquí, el quid de la cuestión?

OPCIONES

- ✓ ¿De qué otra manera podría abordar este problema?
- ✓ Haga una lista de todas las alternativas y soluciones grandes o pequeñas, completas o parciales.
- ✓ ¿Qué más podría hacer?
- ✓ ¿Qué haría si tuviera más tiempo, un mayor presupuesto o si usted fuera el jefe?
- ✓ ¿Qué haría si pudiera empezar otra vez desde el principio, con un nuevo equipo?
- ✓ ¿Le gustaría otra sugerencia?
- ✓ ¿Cuáles son los beneficios y los costes de cada opción?
- ✓ ¿Cuál podría dar el mejor resultado?
- ✓ ¿Cuál de estas soluciones prefiere o sería mejor para usted?
- ✓ ¿Cuál le daría la mayor satisfacción?

- ¿Qué opciones tiene para cambiar las cosas?
- ¿Cuáles serían los beneficios de hacer eso? ¿Qué perdería?
- ¿Cómo puede estar seguro de que no surgirán los mismos problemas?
- ¿Qué clase de empleo? ¿Cómo lo encontraría? ¿Qué seguridad le podría ofrecer?
- ¿Ahora veamos cómo podría introducir en su trabajo actual algunas de esas cualidades que usted busca.
- ¿De qué otra manera? ¿Dónde? ¿Y dónde más?
- ¿Qué tendría que cambiar? ¿Qué podría hacer usted para cambiar eso?
- ¿Si usted fuera capaz de cambiar todas esas cosas, ¿en qué medida estarían satisfechas sus necesidades?

VOLUNTAD

- ¿Qué opción u opciones elegiría?
- ¿En qué medida esto responde a todos sus objetivos?
- ¿Cuáles son sus criterios y medidas de éxito?
- ¿Cuándo va a empezar y terminar exactamente cada etapa de la acción?
- ¿Qué podría impedirle avanzar a través de estas etapas o alcanzar la meta?

- ¿Tiene alguna resistencia personal que le impida continuar con la acción?
- ¿Qué haría para eliminar estas barreras externas e internas?
- ¿Quién debe conocer sus planes?
- ¿Qué apoyo necesita y de quién?
- ¿Qué hará para obtener ese apoyo y cuándo?
- ¿Qué podría hacer yo para ayudarle?
- Califique, en una escala de 1 a 10, el grado de compromiso que necesita para llevar a cabo esta acción concertada.
- ¿Qué le impide calificar con 10?
- ¿Qué podría hacer para elevar y calificar más alto su compromiso?
- ¿Desea conversar sobre algo más o ya está todo dicho?

Horia Varlan

Capítulo 4
Coaching en ciego

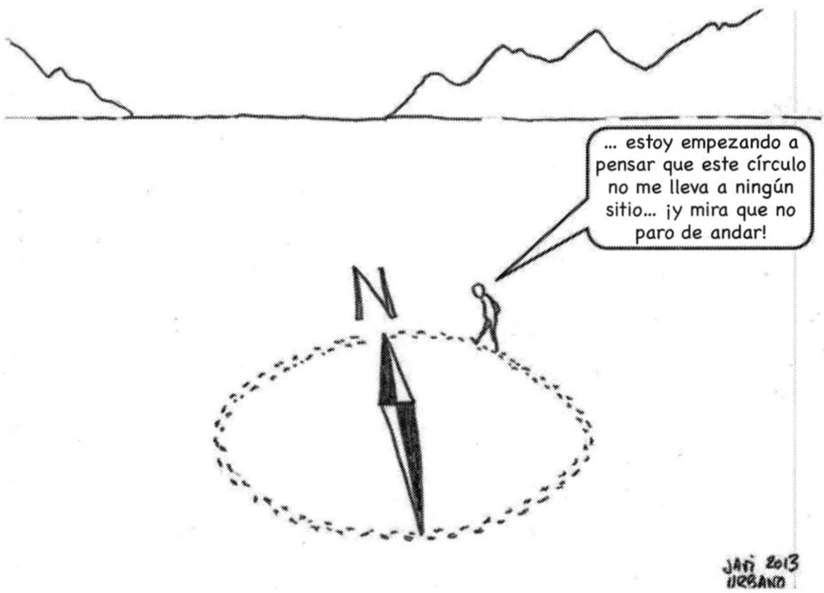

Esta vez entro en su portal «como Pedro por su casa», vengo más arreglada porque luego veo a un cliente nuevo, espero que no piense que me he vestido así sólo por ella… Bueno, qué más da lo que piense… ¡Pues no me da igual! ¿A quién quiero engañar? ¿A quién le da igual lo que piensen los demás? A lo mejor hay alguien, pero desde luego no creo que sea lo normal… Bueno, basta de pensar, ¡hoy vamos a hacer coaching!

—¡Hola, Patricia! ¿Qué tal estás? ¡Qué guapa!

Me sonríe y nos besamos con cercanía ¿no será lesbiana? Tengo que preguntarle si tiene pareja, parece mentira que ni siquiera sepa eso de ella… Como la vez pasada, tiene la mesa preparada, me gusta la sensación de saber que me está esperando… Me hace sentir importante para ella ¡Qué tontería! ¿No? No creo que sea más importante que cualquier otro cliente. ¿O sí? Bueno, pienso que no; pero siento que sí… ¡Ya estamos otra vez con las diferencias entre lo que pienso y lo que siento! A lo mejor es lo que quiero sentir… Y ¡qué más da! Así estoy mejor con ella. ¡Ya está bien de comerme la cabeza!

Mientras yo doy vueltas a estas cosas ella se ha sentado en su sitio y me observa. Yo dejo el abrigo y el bolso en un sillón y voy hacia mi silla. Tengo que preguntarle si los sitios adjudicados son por costumbre o si tienen algún significado «oculto» tipo Feng Shui o algún rollo de esos…

—Eire, sigo teniendo un montón de preguntas para ti… Lo siento, bueno no, no lo siento en realidad…

—¿Y pueden esperar a que acabemos el coaching?

—Supongo que sí, pero creo que voy a empezar a hacer una lista porque ya son muchas… Además el escribirlas en una lista puede hacer que no las tenga en la cabeza…

—Parece una buena idea…

—Pues dame un segundo. –Busco en mi bolso la libretita verde de cosas pendientes, fue un regalo de mi hermano, ¡la encuadernó él mismo! Me encanta… Se me escapa otra sonrisa… Espero que no piense que es por ella… ¡Ya estamos otra vez! ¿Qué más me da si piensa que es por ella? Voy anotando lo que se me acaba de ocurrir pero tengo que pensar otras cosas… De la sesión anterior quedó pendiente lo del autocoaching… Cuando me deje hacerle preguntas voy a hacerle un «tercer grado», ji, ji, ji.

—Por cierto, en un correo te pregunté si preferías que te llamara Patricia o Paty y no me quedó clara tu contestación…

—No te contesté porque no sabía qué decirte, la verdad, asocio Paty con personas de mucha confianza para mí…

—Perdóname, parece que he sido indiscreta, no lo pretendía, de verdad lo siento… Yo tengo una amiga brasileña y siempre la llamo Paty y a veces casi se me escapa contigo, por eso te lo decía… Pero es mi problema, olvídalo ¿vale? Si en algún momento te apetece que te llame Paty me lo dices, ¿de acuerdo? Pero sólo si te apetece de verdad. ¿Sí?

Asiento con la cabeza… ¡Qué curioso que sea ella la que dice lo siento en vez de yo! Tampoco me ha parecido tan indiscreta, la verdad… No me importaría que me llamara Paty pero… Mejor espero un poco; porque eso nunca es reversible…

—Ayer, cuando me mandaste la plantilla previa a la sesión, decías que no tenías muy claro qué trabajar en esta sesión. ¿Lo tienes ahora claro?

—Sí, bueno no, quisiera hacer muchas cosas… He estado pensando mucho en esto, y en todo la verdad, y creo que me he liado un poco… Sobre todo porque… Bueno, da igual, si te soy sincera no recuerdo ya lo que te escribí ¿Lo podemos ver?

—¡Claro!

PLANTILLA PREVIA A LA 4.ª SESIÓN DE COACHING

1. **¿Qué he conseguido desde la sesión anterior?:**
   - ✓ He buscado, ordenado y leído los apuntes de mi formación de coaching del GROW, de preguntas poderosas y las competencias de ICF.
   - ✓ He oído la sesión como ejemplo de sesión de coaching (¡muy interesante!).
   - ✓ He sido más consciente de las competencias que demuestro en mis sesiones y de la forma de estructurarlas. Me ha resultado satisfactorio.
   - ✓ He pensado mucho sobre mi proceso de coaching…
2. **¿Qué me propuse hacer y no hice?**
   - ✓ Me parecía interesante «examinar» nuestra sesión desde el punto de vista de las competencias de la ICF; pero no lo he hecho. Tampoco me parece muy necesario, la verdad…
3. **¿Qué quiero trabajar en mi siguiente sesión de coaching?**
   - ✓ Realmente no lo sé, empiezo a ver que el tema tiene mucha miga, más de la que esperaba, y me da cosa atragantarme… ¿Seguir donde lo dejamos?

—Es que mira, al buscar y repasar los apuntes de la formación de coach, he visto varias herramientas que tenía olvidadas y me gustaría comentar contigo… Pero eso no sería coaching, ¿o sí? Bueno, tú dirás, y por otra parte, creo que sería bueno seguir trabajando en lo que comenzamos la sesión pasada…

—¿Y entonces qué quieres hacer?

—Pues ahí está el tema... Yo tiraría por las herramientas, pero creo que es una forma de no entrar en... Mira, Eire, tengo que preguntarte algo muy importante... ¿Tú trabajas temas «en ciego»?[10]

—Claro, siempre que un cliente quiere. ¿Tú quieres trabajar algo en ciego?

—Sí, bueno no, es que hay un tema que creo... Bueno, no es que quiera trabajarlo, pero creo que me está afectando en mi pérdida de confianza; pero es un tema personal y no es mío, y no me sentiría bien contándotelo... ¿Me entiendes? Lo siento, de verdad, no es que no confíe en ti ni nada parecido es que... Prometí no hablar de ello... Sería traicionar su confianza...

—Entiendo que hay «algo» que prefieres no contarme por lealtad a otra persona y que crees que es un factor importante dentro de la consecución de tus objetivos. ¿Es así?

—Sí.

—Pues te propongo que le pongas un nombre y cuando salga lo trabajamos en ciego, ¿te parece bien? –Asiento–. ¿Cómo lo llamarías?

—Tengo poca imaginación... ¿el tema X?

—De acuerdo, el nombre ya sabes que no es importante... Y entonces, Patricia... ¿Quieres comentarme si funcionó o no lo de repasar las competencias de la ICF y el modelo GROW?

—Pues sí que funcionó, la verdad, me ha hecho sentir un poco más segura, y sobre todo me ha dado mucha tranquilidad ver que estoy haciendo las cosas bien... Pero por otra parte... –Uff, qué difícil me está resultando esto...–. Olvídalo, es sólo eso que te comentaba de que creo que hay «mucha miga»... Pero volviendo al tema del GROW y las competencias de ICF... La verdad es que me he trasportado un poco a aquella época... –No puedo evitar una

---

10. «Trabajar en ciego» se refiere a hacer coaching sobre un asunto sin tener ninguna información.

sonrisa nostálgica…–. Lo cierto es que me encanta aprender cosas nuevas o practicar habilidades que no tengo pero es que en esa época… era mucho más feliz… Acababa de conocerle, estaba segura de que era el hombre de mi vida y creía que todo sería maravilloso con él…, ¡qué ilusa! Bueno, me estoy perdiendo, ya no me acuerdo ni de qué hablábamos… Lo siento, me he ido… –Sonríe.

—Me estabas contando cómo te fue de útil el repasar apuntes… En el preparatorio de la sesión pones «satisfactorio» pero no sé cómo interpretarlo…

—Sí, bueno, eso, estoy contenta… No creo que haya resuelto ese objetivo pero desde luego me ha servido, es como la base desde la que seguir trabajando, me ha recordado muchas cosas que tenía un poco olvidadas… Sí, estoy contenta…

—¿Entonces a qué quieres que dediquemos la sesión de hoy?

—Supongo que lo suyo sería seguir por donde lo dejamos…

—Muy bien, y para ti, ¿por dónde lo dejamos?

—Bueno, pues estábamos analizando las diferencias entre mi sensación de confianza antes y ahora. Lo que he hecho no ha estado mal pero tampoco ha sido la bomba…

—¿Aquí es donde dices que «hay más miga»?

—Sí. –Desvío la mirada. La verdad es que no estoy nada segura de querer meterme en este charco… Miro el suelo. Madera muy reluciente cubierta casi toda de alfombras. Una para la mesa y las sillas y otra para los sofás y el sillón… Son muy discretas, como todo el mobiliario, pero se nota buen gusto… ¿Qué estoy haciendo? ¿Voy a perder mi tiempo y mi dinero mirando las alfombras de esta chica? ¡Estoy tonta! Levanto la mirada y ahí está ella, impasible, como si no supiera que mi cabeza se ha ido al «momento decoración». ¡Ya me vale! En cuanto la miro, ella interpreta que vuelvo a «estar disponible» y me pregunta:

—¿Y a qué te refieres?

¡Ni idea! ¿De qué estábamos hablando? Eso no se lo puedo preguntar, quedaría fatal… Piensa, Paty, por favor… ¡Ah! ¡Ya!

—Mira, Eire, yo me como mucho la cabeza... Bueno, supongo que ya lo has notado... Y estos días he estado dando muchas vueltas a las cosas que han podido afectarme en este cambio, y tengo claro que no es tanto un tema profesional, que es más personal... Creo que lo que más me ha afectado es el tema X.

Guardamos silencio un rato, yo no sé cómo trabajar en ciego, es sólo algo de lo que he oído hablar pero que nunca he hecho, ella me mira y creo que es consciente de que es un tema demasiado peliagudo...

—¿Quieres que hablemos ahora del tema X?

—No lo sé, la verdad...

—Si quieres podemos empezar a hablar de ello y si en algún momento te resulta incómodo lo dejamos.

—¿Y tenemos una «palabra de seguridad»?[11] –Ja, ja, ja–. Es broma, lo siento, es un mecanismo de defensa como otro cualquiera... Vale, vamos a ver qué pasa...

—El tema X ¿es algo que haces, piensas o sientes? ¿O es algo que otra persona de tu entorno hace, piensa o siente?

—Lo segundo.

—Y tú crees que te afecta negativamente. ¿Es así?

—Sí.

—¿Estás segura?

—Sí, al cien por cien. No entiendo muy bien cómo me ha ido minando pero tengo claro que no hay nada más en mi vida que me haya podido afectar de esta manera... Bueno, eso creo...

—¿Has intentado algo para que te afecte menos?

—No, vamos, lo he pensado pero interfiere directamente con mi día a día, no veo cómo hacer que me afecte menos... A veces me

---

11. «Palabra de seguridad» se refiere a una palabra que se acuerda entre dos personas (dominante y sumiso) cuando van a realizar alguna práctica «sadomasoquista» para indicar al dominante que debe parar de hacer lo que está haciendo porque al sumiso le resulta insoportable.

evado, pero soy consciente de que sigue ahí… Es que es un tema muy chungo…

—¿El tema X tiene una duración determinada?

—Bueno, empezó hace unos pocos años pero no lo vi venir y ahora estoy metida hasta el cuello… Y lo peor es que parece que no va a tener fin… O sea, yo espero que lo tenga, pero no tengo ningún dato que me haga pensar que está cerca…

—¿Es algo que le pasa a otra persona o es algo que te pasa a ti en relación a otra persona? No quiero ser indiscreta pero creo que vale la pena ver qué está en tu mano y qué no…

—Ya. Bueno, es algo que le pasa a una persona, podemos llamarlo «problema»; pero esa persona es mi pareja y lo que le pasa afecta todo el rato, o casi todo, a mi relación con ella… Es como si alguien te atropella, el que te atropella es él pero tú estás bien jodida… El otro también porque a nadie la gusta atropellar a alguien pero… –¡Vaya mierda de metáfora que he escogido! Se me ha olvidado respirar… ¿De verdad se siento atropellada? ¡Dios mío! No. No, por favor, no… Siento pinchazos en los ojos, bajo la mirada pero seguro que ha visto que estoy al borde… Es que… ¿de verdad me estoy dejando atropellar? No, para, Paty, no vayas por ahí porque puedes perder la sesión llorando…–. ¿Podemos dejarlo aquí, por favor?

—Por supuesto.

Ahora no sonríe, parece que está conmigo pero no le incomoda lo mal que estoy…, ¡qué maravilla! Lo que pasa es que me he quedado un poco tocada… Así no puedo hablar, tengo un nudo en la garganta, venga, voy a respirar hondo… Respirar… Respirar… Suspiro y resoplo pero me sigo sintiendo vulnerable…

Ella sigue en silencio, debe de ser como un silencio contemplativo… No parece tener necesidad de hablar, sólo está conmigo… ¡Me da mucha vergüenza estar así! Necesito evadirme…

—¿Podemos hablar de herramientas?

—Claro, cuéntame qué herramientas desempolvaste…

—Pues una era la rueda de la vida,[12] la conoces, ¿no?

—Sí, claro, yo creo que todos los coaches la conocen... Aunque si tengo que ser sincera desconozco su origen. ¿La usas con tus clientes?

—Pues la verdad es que no; pero creo que sería una buena cosa... Lo que pasa es que no sé si me sentiría cómoda...

—¿Qué necesitarías para sentirte cómoda con la rueda de la vida?

—Supongo que hacérmela yo primero... Sí, ¡qué tontería! No sé por qué no lo he decidido yo sola antes... Sigue sorprendiéndome lo productivo que es poner en palabras con otra persona lo que tienes en la cabeza...

—¿Entonces?

—Sí, sí, me lo apunto de tarea entre sesiones.

—¿Necesitaras algo para hacerla que no tengas *a priori?*

—No, lo que necesito es el ejercicio que ya rescaté del olvido y un poco de tiempo tranquila; pero eso no es problema...

—Muy bien, ¿quieres comentar alguna herramienta más?

—Pues no..., el resto sí que las controlo... ¿Quieres proponerme tú alguna?

—Sí, la verdad es que sí... Te voy a proponer que escribas dos cartas. Te explico. Cuando hemos abordado el tema X, he visto que implica mucha emocionalidad para ti. Cuando algún cliente tiene emociones «fuertes» hacia otra persona, suele funcionar muy bien el escribirle una carta explicándoselo todo... ¿Cómo te suena? ¿Has hecho algo parecido?

—No, la verdad es que no y lo echo de menos, me gustaría poder hablarlo abiertamente...; es más, ¡gritarlo! Porque este secretismo me está envenenado pero es un compromiso... Bueno, si le escribo una carta a él no lo estoy rompiendo... Porque no tendría que enseñártela ¿no?

---

12. Más información sobre este ejercicio en el «Cuaderno de trabajo» de este capítulo.

—Por supuesto que no, ni siquiera tienes que enseñársela a él o dejársela leer a nadie. Cuando la escribas, tú decides si quieres o no compartirla con él, el ejercicio es la redacción, nada más… Y nada menos, la verdad. Probablemente te resulte incómodo, sobre todo empezar, te sentirás extraña como poco y puede que te salga llanto o cualquier otra expresión emocional; así que sería bueno que te reservaras un tiempo y espacio idóneos para escribirla. ¿Qué te parece?

—No lo sé, te lo diré cuando vea si me sirve… Pero lo haré, eso seguro, porque además me ayudará a evitar situaciones embarazosas como la de hace un rato… Pero me has hablado de dos cartas y sólo me has contado una… –Se ríe… Parece que ya va conociéndome…

—Sí, la segunda es más complicada… Yo nunca aconsejo que se hagan seguidas, a los clientes les digo que hagan la segunda carta cuando ya han pasado días y hemos hecho una sesión sobre la primera (si ellos quieren, claro). Si tú quieres hacer las dos antes de que nos veamos, hazlo; pero te pediría que entre una y otra dejaras pasar al menos tres o cuatro días, ¿vale?

—¡Vale! Pero cuéntame que estoy intrigadísima…

—No, no es nada extraño, es otra carta, dirigida a la misma persona; pero no para dársela a menos que así lo decidas, en la que le expresas que le perdonas por lo que te ha hecho o dejado de hacer, por cómo te ha hecho sentir y por todo lo que se te ocurra.

¡Vaya! Esto sí que no me lo esperaba… Sólo de pensarlo me revuelvo un poco en la silla… Bueno, no pinta mal, ya veré si lo hago…

—¡Vale! No me comprometo a hacerlo pero me lo pensaré… Y si no lo hago te explicaré el porqué, porque te aseguro que no va a ser por falta de tiempo… Me parece muy interesante, además va en la línea del objetivo 4, lo de «Saber gestionar adecuadamente las emociones de los clientes…». Tendré que empezar con las mías… Y el ejercicio de la rueda de la vida en la línea del objetivo 3, «Aprender a llevar bien a los clientes indecisos»… ¡Vaya! Hoy sí que me voy a ir cargadita de herramientas… ¡Qué bien!

—Bueno, Patricia, aún nos queda tiempo. Si quieres podemos trabajar algo más.

—Ah, sí, claro…

—¿Cómo quieres emplear el tiempo que nos queda?

—Bueno, podríamos profundizar un poco en esos dos objetivos, el 3 y el 4… Mejor el 3, venga, vamos por orden…

—Si vamos por orden, tendrías que decirme primero si consideras el objetivo 1 conseguido…

—No, en parte, en la parte fácil, creo. He avanzado en la acción pero me resisto un poco a bucear ahí… No me siento preparada para seguir con ello. Prefiero dejarlo para más adelante, cuando me sienta más «entera»… Por eso quería «salirme por la tangente» con el objetivo 3, que es el de los clientes indecisos… A ver si me resulta más fácil… ¿Te parece?

—Me parece. ¿Qué te pasa con los clientes indecisos?

—¡Que me ponen de los nervios! ¡Me sacan de quicio! ¡Me atacan! ¡Me hacen sentir que estoy perdiendo el tiempo!

—Patricia, vamos a parar en esto un momento si te parece bien.

—¿Por qué? ¿Eso te parece una creencia limitadora?[13] Porque no lo veo…

—¿Qué sensación te daría si yo digo que alguien me pone de los nervios, me saca de quicio, etc.?

—Que no puedes evitar que eso ocurra… Ya. Sí. Ya entiendo por dónde vas, suena un poco a… indefensión ¿no?

—¿Indefensión?

—Sí, es un término psicológico que tiene que ver con que tu experiencia te lleva a pensar o a sentir que da igual lo que hagas porque no tienes poder ninguno para cambiar las cosas… Lo investigué

13. Creencia limitadora es cualquier tipo de idea, pensamiento, interpretación, opinión, etc. que nos impide o dificulta el avance en el logro de nuestros objetivos.

hace un par de años con un cliente que tuve, que llevaba varios años en paro. Eso que llaman «paro de larga duración» y a mí me suena horrible. Él sentía que ya daba igual mover su currículum o no, porque el resultado siempre era el mismo, que no conseguía trabajo...

—Me parece muy buen ejemplo. ¿Tú sientes algo así cuando tus clientes están indecisos?

—Pues no lo había pensado, pero debe ser que sí porque si no, no lo hubiera dicho de esa manera, ¿no?

—¿Y para qué te sirve vivirlo así?

—Ya, claro... Es limitador porque si no puedo evitarlo no tengo nada que pueda hacer... Vale... Sí. Me debe de servir para echar balones fuera, ¿no? –¡Vaya! Vayamos por donde vayamos todo son fallos, perdón, «áreas de mejora»...

—Me da la sensación de que te has quedado un poco «aplastada» con esto.

—Sí, es que todo son fallos... Bueno, tú me entiendes, es que me parece muy cómodo y cobarde pensar que no puedo evitarlo para no intentarlo...

—Paty, habrá una parte así, que te hace expresarte de esa manera; pero está claro que hay otra parte de ti que cree que sí puede hacer algo y que te ha llevado a ponerlo en tu lista de objetivos. ¿Es así?

—¡Pues tienes toda la razón! –le digo mientras estiro mi espalda y pongo bien los hombros. No me había dado cuenta de que mi lenguaje no verbal estaba siendo tan evidente... ¡Qué bien! ¡Ahora me siento mejor!–. ¡Vamos al tajo!

—Vale. Paty, ¿qué es exactamente lo que hacen «los indecisos» que te sienta tan mal?

—Pues lo que coloquialmente llamamos «marear la perdiz»; es como que no quieren trabajar en profundidad aunque dicen que sí... Mi duda real es si no quieren o no pueden; porque si no pueden no debería afectarme tanto..., sólo me darían pena; pero lo cierto es que me afecta, me empiezo a poner nerviosa y suelo acabar siendo más una especie de consultor que una coach... No me gusta... Bueno, y el colmo de los colmos, lo peor, es cuando en realidad el cliente no quiere hacer coaching y su jefe o el departamento de recursos humanos se lo impone. Eso ya sí que es imposible... Porque no saben lo que quieren, ¡pero además no quieren coaching!

—Bueno, Paty, entiendo que esto último es otra cosa que está fuera de tu margen de maniobra, ¿no?

—Sí... Es que hablando de clientes con los que lo pasas mal... Pero vale, ya me centro...

—Los que has denominado «indecisos» ¿tienen algún factor común a todos ellos?

—Pues sí, vienen a que les resuelvas la vida y no a resolvérsela ellos con tu ayuda... Es curioso porque así dicho... me recuerda a mí, ¡ja! Yo prefería que tú me resolvieras la vida a tener que resolvérmela yo solita...

—¿Para qué?

—Para delegar, supongo que es muy atractivo delegar la responsabilidad de tu vida en otro... Muy cómodo y yo..., personalmente..., estoy un poco cansada de luchar por todo y... ¿Tú crees que a ellos les pasa algo así?

—No puedo saberlo. ¿Qué crees tú?

¡Y yo qué sé lo que creo! ¡Es más, no quiero creer nada! ¡Ahora va a resultar que lo que me molesta que me hagan mis clientes es lo que hago yo como cliente!... ¡Vaya sesioncita de mierda la de hoy! ¡Vapuleada por todas partes!... Mírala, ella todo silencio y comprensión pero me la ha metido doblada... ¡Vaya mierda! Esta vez no pienso ser yo la que hable, que rompa ella el silencio si quiere... ¡Ya le vale! ¿Y yo por qué estoy tan enfadada con ella? Venga, Paty, respira profundo, con el abdomen, que estás un poco descontrolada hoy... ¡Vaya día!... Mucho hablar de herramientas pero desde luego la más efectiva es esto de respirar... Parece que ya me voy calmando... En el fondo ella no ha dicho nada... Estoy siendo... Otra vez yo me lo guiso y yo me lo como... Bueno, voy a hablarle que tampoco quiero que piense que soy una petarda...

—Vale, Eire, me acabas de hacer ver, bueno no, acabo de ver por tus preguntas que a lo mejor estoy prejuzgando erróneamente a los que se andan por las ramas... No sé por qué pero, a pesar de todo, no me había planteado «para qué» lo hacían, y mira que es la típica pregunta de coaching, y ahora creo que puede ser una forma de defenderse de cosas que no quieren ver... O que están demasiado pendientes de caerme bien... O simplemente no confían porque no conocen lo potente que es una buena conversación de coaching...

—Y entonces, Patricia, ¿qué harás distinto la próxima vez que te encuentres con un «indeciso»?

—Buena pregunta, no sé... Lo primero será que no me afecte, recordar que no es por mí, que son ellos... Lo segundo no proyectar en ellos esa parte que no me gusta de mí porque así se me hace más difícil respetarlos como iguales... Ésa es la clave, que somos iguales... No sé por qué no se me había ocurrido antes, la verdad... Esto ya lo he dicho varias veces hoy, ¿no? Seguro que me muero de vergüenza cuando oiga esta sesión... Bueno, que me voy del tema. Creo que voy a intentar ser más empática con ellos para ver si se están defendiendo, si no entienden bien el coaching o lo que sea... No tengo una respuesta única porque ya veré en cada caso... El próximo viernes tengo uno de estos clientes... ¡Ya te contaré!

Volvemos a tener uno de esos largos silencios... Necesitaré tiempo para asimilar tanta cosa...

—Eire, creo que hoy no me da más de sí la cabeza, ¿te parece bien si lo dejamos aquí? Los minutos que quedan ¿podemos usarlos en otra sesión de esas en las que vuela el tiempo?

—Sí, claro, como tú quieras... Aunque me gustaría cerrar un poco la sesión. ¿Podrías hacer un resumen de puntos clave?

—Sí... A ver... Básicamente hoy hemos seguido un poco en la línea del objetivo 1 «Sentirme segura, competente y eficaz». Hemos topado con mi «queridísimo» tema X y voy a probar a escribir las dos cartas de las que hemos hablado... Por otra parte, hablando de la rueda de la vida, que quiero desempolvar, parece que me puede ayudar a trabajar el objetivo 3 «Aprender a llevar bien a los clientes indecisos»; pero en realidad, lo que mejor me ha venido, es ver que no les he intentado entender... Voy a repasar apuntes y libros sobre lo de proyectar... Por cierto, algún día tenemos que hablar de libros... –Su cara me dice amable, pero firmemente, que ahora no es el momento–. ¡Vale! Lo anoto en la libreta... –Sonríe... Y yo... ¡Menos mal que me frena un poco!, porque podría ir de flor en flor con los temas y sin pararme en ninguno por mi j... impaciencia...

—¿Y cómo te sientes, Patricia?

—Paty, realmente me gustaría que me llamaras Paty... –Sonríe, me mira como si le hubiera hecho un regalo...

—Gracias –me dice... ¡Realmente se lo ha tomado como un regalo!–. Entonces, Paty, ¿cómo te sientes? –Ahora soy yo la que sonrío, dice «Paty» de forma muy dulce...

—Bueno, estoy animada, la verdad; pero un poco avergonzada por las «escenitas» que te he montado hoy... Parece que no te molestan pero... ¿de verdad no te molestan?

—De verdad...

—¿Y cómo lo haces?... Bueno, ya me imagino que no me vas a contestar... Lo apuntaré también en mi libretita...

—Más que cómo lo hago, habría que ver cómo lo haces tú, ¿no?, es una parte de tu objetivo 4, si mal no recuerdo: «Saber gestionar adecuadamente las emociones de los clientes». Si quieres dedicamos a esto la próxima sesión de coaching...

—¡Ay! Casi se me olvida... Necesito que me hagas un favor... ¿Tú haces sesiones de coaching telefónicas?

—Sí, claro, ¿cuál es el favor?

—Mira, un cliente me ha pedido que las hagamos porque vive fuera y yo no soy muy partidaria... Supongo que será falta de costumbre porque mucha gente habla muy bien del coaching por teléfono pero yo tengo como un prejuicio con eso y he pensado que, si a ti no te molesta, me gustaría probar a hacer alguna sesión contigo por teléfono...

—No sólo no me molesta, las podemos hacer todas por teléfono si quieres, por mí no hay inconveniente... Bueno, la última sí que prefiero hacerla presencial; pero las intermedias como quieras... Si quieres probamos la siguiente por teléfono y ahí decides cómo hacer la siguiente y así sucesivamente...

—¡Genial! –Vamos cerrando agendas y esta vez es más sencillo porque si evito el trasporte tengo más libertad de horarios, y además ella me dice que no suele pasar de una hora en las sesiones por teléfono, la verdad es que estoy intrigadísima... Me aconseja que me busque un sitio privado, donde no me puedan interrumpir y que la llame desde un teléfono con manos libres o con «pinganillo» o cascos. Así lo haré–. Bueno, Eire, me voy corriendo porque me da miedo llegar tarde...

—¡Que se te dé muy bien todo, Paty!

Me lo dice desde la puerta mientras llamo al ascensor y sonríe con un brillo especial en los ojos, noto que no lo dice por cortesía, lo dice de verdad... Me desea que se me dé todo bien de verdad, desde dentro... ¡Pero yo sigo pensando que esta chica tiene algo raro!

Cuaderno de Trabajo

TRASFERENCIA Y CONTRATRASFERENCIA

Trasferencia:

Término del psicoanálisis que se puede aplicar al coaching (como a cualquier interacción entre dos personas).

Es el proceso por el que el coachee proyecta sobre el coach deseos, frustraciones, emociones, representaciones inconscientes, etc. que no son propios de esta relación sino reproducciones de relaciones prototipo (que se desarrollan desde niño).

En una conversación de coaching, el coach es insertado en una de las «series psíquicas» que el coachee tiene formadas. (El cliente adapta su forma de estar y comunicarse a otra forma de hacerlo que tenía en el pasado).

Ejemplo de trasferencia: Yo proyectaba en Eire la figura del juez que probablemente identifico con mi padre y por eso estaba a la defensiva al principio.

Contratrasferencia:
Término del psicoanálisis que adaptado al coaching implicaría el conjunto de las reacciones inconscientes del coach frente a la persona del coachee y, especialmente, frente a la trasferencia.

Ejemplo de contratrasferencia: Lo que me pasó con cierto coach famosillo, que elegí como mentor pero me fue imposible trabajar con él (cuyo nombre me voy a ahorrar), que no supo ver que yo estaba trasfiriendo lo mismo que con Eire y se puso realmente borde conmigo…

NOTA: *Quedarme con la parte que me toca (la trasferencia) y dejarle a él la suya (contratrasferencia). Si no supo manejar la situación es* SU *problema, no mi culpa.*

A vigilarme:

- **Cuando hago proyecciones de características negativas en los demás:** Un ejemplo es lo que vi en la sesión de que me molestan los indecisos… Podemos proyectar en nuestros clientes las características que no aceptamos en nosotros mismos. Consecuencia: un poco de manía, un trato distinto, menos respetuoso, el prejuicio de no poder trabajar a gusto con ellos…

  NOTA: *¿Proyectaré alguna otra característica negativa cuando hago coaching? ¿Y en mi vida personal?*
- **Cuando hago proyecciones de cosas que me han servido en los demás:** Un ejemplo sería cuando intento llevar a un cliente por un camino que a mí me fue bien. Porque me creo que puede funcionarle a todo el mundo y como coach tengo que respetar la individualidad e idiosincrasia de cada cliente.
- **Cuando hago proyecciones de mis sentimiento en los demás:** Un ejemplo sería cuando creo que ante determinadas situaciones todos sentimos lo mismo que yo sentiría si estuviera en esas situaciones. Eso es cuando confundo la empatía porque no estoy viendo qué sienten desde donde están (en sus zapatos) sino qué sentiría yo desde mi realidad (mis zapatos) o cuando me indigno por las injusticias…

NOTA: *Trabajar con Eire esta parte del objetivo 4.*

RUEDA DE LA VIDA

Éste es un ejercicio que tiene que ver con el equilibrio que todos buscamos en nuestra vida.

Se trata de escoger aquellas áreas de tu vida que son importantes para ti, y por lo tanto para tu equilibrio, y puntuar de 1 a 10 tu grado de satisfacción actualmente con estas áreas:

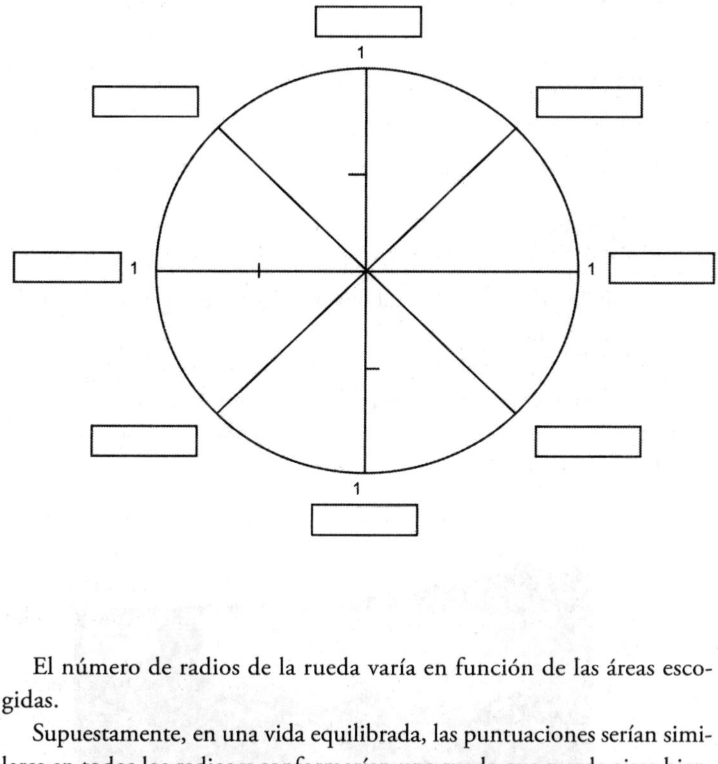

El número de radios de la rueda varía en función de las áreas escogidas.

Supuestamente, en una vida equilibrada, las puntuaciones serían similares en todos los radios y conformarían una rueda que pueda girar bien. Cuando algún aspecto de la vida es ignorado, la conclusión es que no fluye el rodar, se va a trompicones.

CARTAS:

1. DE EXPLICACIÓN

A pesar de su simplicidad, la escritura de una carta es un ejercicio muy potente ya que moviliza las emociones reprimidas y ayuda a entenderse a uno mismo mientras se produce el desahogo.

Salvo a ciertas personas que sienten aversión a la escritura, a la mayoría le sienta muy bien realizar este ejercicio de escribir (es recomendable realizarlo a mano, siempre y cuando no se tenga muy olvidado este tipo de redacción).

Si el tema sobre el que se escribe no está demasiado «enquistado», puede producirse una catarsis mientras se redacta, que será suficiente como procesamiento de las emociones asociadas.

Si el tema tiene una gran carga emocional y lleva tiempo reprimido, la catarsis será parcial y no suficiente; pero no por ello menos deseable.

2. DE PERDÓN

La carta de perdón tiene más implicaciones emocionales. Sólo está indicada cuando existe un daño real o percibido entre la persona que redacta y aquélla a la que escribe.

En este caso, la sugerencia es escribir que se perdona al otro; pero a veces es igualmente importante pedir perdón por la parte que nos corresponde. Si se requieren las dos formas de perdón, es aconsejable que se realicen por separado.

SSPIVAK

----------Mensaje original----------
De: Cuesta Gómez, Patricia [mailto:paty0099@gmail.com]
Enviado el: martes, 22 enero, 12:04
Para: Eire
Asunto: Después de la sesión 4.ª

Hola, Eire:
Te adjunto mi cuaderno de trabajo, aún no he hecho los ejercicios, creo que haré primero las cartas porque estoy muy intrigada pero espero un momento idóneo… Bueno, mejor no tan idóneo que esos nunca llegan, ji, ji, ji.
Quería decirte que me gustó mucho la sesión de ayer y agradezco mucho tu comprensión con el tema X y tu paciencia conmigo… ¡Estoy encantada!
Un abrazo,
Patricia
Coach profesional ACC por la ICF

----------Mensaje original----------
De: Vallejo O'Connor, Eire [mailto: eire@estoescoaching.es]
Enviado el: martes, 22 enero, 17:30
Para: Patricia
Asunto: RE: Después de la sesión 4.ª

Eire Vallejo O'Connor
ESTO es COACHING

----------Mensaje original----------
De: Cuesta Gómez, Patricia [mailto:paty0099@gmail.com]
Enviado el: viernes 25 enero, 14:24
Para: Eire
Asunto: S.O.S.

Hola, Eire:
Sólo decirte que ayer por fin encontré el momento para escribir la primera carta y… Bueno, cómo te diría yo… Parecía salida de un dibujo animado llorando a moco tendido encima del papel…
Me llevó dos horas y luego me sentí mejor, como que necesitaba llorar y soltar, pero por otra parte me sorprendió la intensidad de mis emociones y como sé que dominas el tema de la inteligencia emocional quería pedirte consejo.
Yo no puedo estar así, en nuestra última sesión abrí la caja de Pandora y ahora estoy hipersensible y con muchas ganas de llorar todo el tiempo, ¡es que no era consciente de todo lo que me iba guardando! Y ahora me doy cuenta de que es demasiado, no puedo con ello…
Ya sé que no es coaching, pero por favor dime algo…
Un abrazo,
Patricia
Coach profesional ACC por la ICF

----------Mensaje original----------
De: Vallejo O'Connor, Eire [mailto: eire@estoescoaching.es]
Enviado el: viernes 25 enero, 14:54
Para: Patricia
Asunto: RE: S.O.S.

Querida Paty:
Siento que te esté resultando tan duro pero también me alegro de que hayas abierto la caja de Pandora, ¡porque así puedes vaciarla!
En cuanto a la gestión emocional, te comento que conozco tres vías que, en mi experiencia personal (y no como coach) me han servido y creo que te pueden ayudar:
1. Algunos tipos de medicinas alternativas (acupuntura, kinesiología, homeopatía, cromoterapia…)
2. El trabajo psico-corporal
3. Terapia psicológica
Dime si alguna te llama la atención y te explico más.
Un abrazo y mucho ánimo,
Eire Vallejo O'Connor
ESTO es COACHING
PCC
Professional Certified Coach
International Coach Federation

----------Mensaje original----------
De: Cuesta Gómez, Patricia [mailto:paty0099@gmail.com]
Enviado el: viernes 25 enero, 15:12
Para: Eire
Asunto: S.O.S.

Eire:
No me apetece nada hacer una terapia, ya lo he probado dos veces en mi vida y creo que racionalizo todo tanto que soy una paciente resistente a la terapia…
La medicina alternativa la verdad es que no me llama nada…
¿Qué te parece si pruebo lo segundo? Eso del trabajo psico-corporal…
¿Es como un tratamiento de choque o es más para ver resultados en el medio y largo plazo? ¿Tiene algo que ver con el coaching corporal? Porque una de mis hermanas me intenta convencer para que la acompañe a un curso de eso este fin de semana…
No sé si llamarte y dejarme de correos…
Patricia
Coach profesional ACC por la ICF

----------Mensaje original----------
De: Vallejo O'Connor, Eire [mailto: eire@estoescoaching.es]
Enviado el: viernes 25 enero, 15:24
Para: Patricia
Asunto: RE: S.O.S.

Querida Paty:
Llámame si quieres al móvil, cuando quieras. Si no contesto déjame recado y te devuelvo la llamada en cuanto pueda.
De todas formas creo que te vendría fantástico ir a ese curso de Coaching Corporal que me dices, conozco a la instructora y el Sistema Río Abierto y es un trabajo muy útil. ¡Además conozco otros dos coaches muy majos que van a ir al curso de este fin de semana! ¡El mundo es un pañuelo!
Supongo que en el curso te podrán orientar mejor sobre si sirve a corto o a largo plazo, en mi experiencia sirve para las dos cosas.
¡Si te animas a ir me cuentas!
Eire Vallejo O'Connor
ESTO es COACHING
PCC

—¿Eire?... –digo cuando me contesta al teléfono al cuarto tono.

—Sí, soy yo. ¿quién es?

—Soy Patricia Cuesta...

—¡Ah! Hola. Patricia. ¿cómo estás?

—Mira, no sé si es mal momento para ti... Es que tengo mil dudas y no puedo esperar tus respuestas de correo...

—Puedo hablar, ¡descuida! ¡Cuéntame!

—Mira, tengo que decidir si voy o no al curso ése, y tengo sólo una hora para tomar la decisión. Que tú me lo aconsejes inclina bastante la balanza pero es que me gustaría saber un poco dónde me meto... ¿Tú has hecho alguno? ¿Puedes darme alguna información?

—Patricia, si decides ir, mi principal consejo es que vayas con la mente abierta y te lleves ropa deportiva... Es que mira, el primer curso que yo hice de trabajo psico-corporal fue una semana en verano que dirige Graciela Figueroa. La semana es fantástica; pero me pasaba como a ti, que no sabía nada de eso y además no quise preguntar nada para no llegar con muchos prejuicios, y en el folleto ponía «llevar ropa cómoda» y yo me fui para allá con mis pareos y mis vestidos largos que me parecían lo más cómodo en verano, ja, ja, ja, ja. Es que no te imaginas las caras que me pusieron cuando vieron que no había llevado ni un solo pantalón, ja, ja, ja. Bueno, tuve que pedir ropa prestada a desconocidas y luego pedí que me trajeran ropa a mis padres, te lo puedes imaginar... ¡Vaya! Me estoy enrollando mucho... pero es que no quiero que te pase lo mismo... ¿qué quieres saber? ¿lo que se hace?

—Por ejemplo...

—Bueno, pues como su nombre indica, es un trabajo psíquico y corporal... Para mí es un poco complicado de explicar; pero básicamente es que a través del cuerpo (el movimiento, el baile, los estiramientos, etc.) se van descubriendo y trabajando emociones que todos tenemos guardadas por diversos motivos... Mira, si en un coaching normal el coachee «ve» la luz (aunque te suene muy cursi) en un curso de Coaching Corporal se «siente» la luz... No sé si me explico muy bien...

—Bueno, me intrigas, desde luego; pero no te quiero entretener mucho, sólo dime, ¿además del movimiento, el baile y los estiramientos se hace algo más?

—Sí, claro, se hacen meditaciones, visualizaciones, reflexiones... A veces se hace masaje, sin quitarse la ropa ni nada parecido... Se trabaja con la voz, como para sacar a través de la tráquea y la boca las emociones... A veces se hacen teatritos o *role-plays*...[14] Otras se hacen ejercicios por parejas o por tríos... No sé decirte... Es un abanico muy amplio de técnicas...

—Eire, lo siento, te tengo que dejar, tengo a mi hermana llamándome por la otra línea. ¡Muchísimas gracias!

—Vale, un beso...

—Besos, chao...

----------Mensaje original----------
De: Cuesta Gómez, Patricia [mailto:paty0099@gmail.com]
Enviado el: lunes 28 enero, 11:12
Para: Eire
Asunto: Coaching Corporal

Eire:
Sólo unas líneas para decirte que al final me animé a ir al curso y, aunque no acabo de aterrizar, me ha parecido una experiencia inolvidable. Hablé con Teresa, la instructora, que me encantó y me dio un abrazo muy fuerte para ti.
Gracias,
Patricia
Coach profesional ACC por la ICF

14. Escenificación de una situación en la que el cliente desempeña un determinado rol, papel o personalidad.

----------Mensaje original----------
De: Cuesta Gómez, Patricia [mailto:paty0099@gmail.com]
Enviado el: jueves 31 enero, 10:49
Para: Eire
Asunto: Presesión

Eire:
Perdona que no te haya mandado antes la plantilla previa a la sesión, aquí te la adjunto.
Te llamo en un par de horas.
Besos,
Paty
Patricia
Coach profesional ACC por la ICF

Capítulo 5
Coaching telefónico

Faltan quince minutos para la sesión pero ya estoy aquí toda preparada… ¡Parezco boba! Estoy un poco nerviosa pero sobre todo estoy deseosa… Es una sensación rara porque aunque me gusta hablar por teléfono, me parece que va a ser un poco frío.

Me he quedado en casa, con un chándal y una Coca-Cola encima de la mesa y mi cuaderno de trabajo. Él no vuelve hasta esta tarde, así que no tendré interrupciones y voy a llamarla desde el fijo, con altavoz, apagando el móvil. Además voy a ponerme una musiquita relajante. Ya está. ¡Cómo me gusta escuchar música cuando estoy sola en casa!

La verdad es que estoy encantada de mi coaching con Eire, ¡cuánto me alegro de haberme lanzado! Y le estoy muy agradecida porque ella sí supo ver que detrás de todos mis comentarios impertinentes del principio sólo estaba mi lado inseguro… ¿Por qué estaré así? No tengo nada que lo explique excepto lo de este tío; aunque he estado pensando que a lo mejor es una fase lógica del desarrollo, que la seguridad en uno mismo va y viene… No lo sé, tengo que investigarlo…

Me parece mentira que sólo hayan pasado unos días desde la última vez que hablamos… Para mí es como si hubieran pasado semanas, porque tengo la sensación de haber vivido muchas cosas entre una sesión y otra… Claro que lo del curso fue muy fuerte… No me siento la misma desde entonces; pero casi mejor…

¡Vaya! Ya es casi la hora, voy a quitar la música y ponerme cómoda. Marco su número y me contesta al segundo tono:

—¿Paty?

—Sí, soy yo.

—¿Qué tal estas?

—Bueno, me siento un poco extraña pero me intriga mucho ver qué tal esto del teléfono… ¿Tú crees que es mejor el teléfono que la videoconferencia?

—Lo mejor es probar con qué te sientes cómoda… Algunos sistemas de videoconferencia no me han gustado, hasta ahora, porque hay un pequeño retraso en la imagen respecto del sonido y da una sensación muy rara… Además el teléfono da más intimidad y no tienes que estar pendiente de mí… Pero lo mejor es que pruebes y veas con qué os sentís más cómodos tú y tu cliente…

—Bueno, supongo que lo mejor será probar, voy a olvidarme de que estamos al teléfono y te voy a imaginar en tu despacho… ¿Recibiste mi correo de hace un par de horas?

—Sí, aquí lo tengo. ¿Quieres contarme algo del curso de Coaching Corporal o de después? ¿Prefieres empezar con lo que me pones de la plantilla previa?

Ni de coña le cuento del curso… Demasiado fuerte para contárselo, y más por teléfono, además el tiempo vuela… Voy a abrir en el ordenador el documento que le mandé de preparación de la sesión; porque la verdad es que no le dediqué mucho tiempo… ¡A ver si he puesto alguna tontería!

—Bueno, no sé muy bien, creo que está todo muy relacionado. Te estoy muy agradecida por animarme a ir al curso porque me ha cambiado mucho la perspectiva… He conocido una nueva forma de trabajo personal que ni sabía que existía y me he entendido bastante más… Básicamente me he dado cuenta de que estoy quemada con el tema X. Bueno, mejor dicho quemadísima, y yo ni me daba cuenta… Ahora no es que haya solucionado nada; pero al menos he entendido que estar tan quemada no nos sirve a ninguno de los dos, porque yo estoy irritable y ni siquiera le trato bien cuando está bien… El tema es que he sido más consciente que nunca de que tengo que mejorar mi gestión de las emociones, ¿sabes? Y he decidido, entre otras cosas, darme un tiempo semanal para mí, ¡empiezo la semana que viene! Me lo voy a tomar como algo necesario para la salud, como ir al gimnasio para estar en forma y no tener dolores de espalda, ¿me entiendes?

—Creo que sí.

—¿Tú ya conoces ese trabajo del Sistema Río Abierto, verdad?

—Sí, claro.

—¿Y qué te parece?

—Me parece muy bueno, si no, no te hubiera animado a que fueras... Pero lo importante es lo que a ti te parezca, si crees que te ha resultado útil y si era eso el tipo de cosas que estabas buscando. No se trata de juzgarlo como trabajo sino de ver si es adecuado para ti, en este momento...

—Ya, claro. Bueno yo me he quedado impresionada, la verdad. Nunca me había parado a pensar cómo se pueden conectar las emocionas con el cuerpo, tiene todo el sentido del mundo pero nunca lo había vivido tan claramente... ¡Ha sido toda una experiencia!... Y he tomado consciencia de lo necesario que es cuidar esa parte emocional, igual que puedo cuidar el cuerpo o el intelecto ¡o el coche! Por eso te escribí que quería mejorar mi manera de gestionar mis emociones; por eso y porque he estado revisando el libro de inteligencia emocional de Goleman,[15] supongo que lo conoces... –No espero su respuesta, algo me dice que seguro que lo domina–. El caso es que me ha parecido evidente que para gestionar bien las emociones de mis clientes tengo que saber hacerlo con las mías... ¿Te parece bien?

—¿De verdad necesitas saber si a mí me parece bien?

—No. Vamos, me gustaría que te pareciera bien, quiero que estés de acuerdo conmigo porque a veces me como tanto la cabeza que no sé si mis conclusiones son las mejores...

---

15. Daniel Goleman, popularizó en los años noventa un modelo de inteligencia emocional que engloba cinco competencias emocionales. (Más información en el «Cuaderno de trabajo» de este capítulo).

—Me parecen buenas tus conclusiones, si son o no las mejores para ti sólo tú puedes saberlo, y quizá no puedas saberlo hasta que lleves un tiempo por este camino…

—Ya, claro…

—Creo que sería bueno que nos centráramos en los logros. ¿Para qué más te ha servido el curso de Coaching Corporal? Además de esa toma de consciencia de la que hablas…

—Bueno, mira, no quisiera parecerte borde ni a la defensiva; pero aún estoy asimilando todo aquello y sus implicaciones y no me apetece pensarlo ahora, la verdad. ¿Podemos dejar este tema?

—Como tú quieras.

Ahora sí miro la plantilla previa que tengo en la pantalla del ordenador, imagino que ella también la tiene delante y que en breve me tocan las preguntas sobre lo que no he hecho…

—Tampoco quiero entrar en por qué no hice lo que te he escrito…

PLANTILLA PREVIA A LA 5.ª SESIÓN DE COACHING

1. **¿Qué he conseguido desde la sesión anterior?**
   - ✓ He hecho el resumen en mi cuaderno de trabajo.
   - ✓ He empezado a aplicar «mi plan» para los clientes indecisos…, ¡funciona!
   - ✓ He hecho la carta de explicación.
   - ✓ He hecho el curso de Coaching Corporal.
   - ✓ He estudiado la trasferencia y contratrasferencia.
   - ✓ He pensado mucho sobre mí… Sobre mi forma de gestionar las emociones.
2. **¿Qué me propuse hacer y no hice?**
   - ✓ La carta de perdón, no me sentía capaz, estoy como enfadada…
   - ✓ La rueda de la vida, no me parecía importante al lado de las otras cosas…
3. **¿Qué quiero trabajar en mi siguiente sesión de coaching?**
   - ✓ Me gustaría mejorar mi manera de gestionar mis propias emociones

—Bueno, mira, la rueda de la vida al lado de lo que he vivido estos días se queda en una chorrada… Y la carta de perdón, ya te dije que no sería sincera, así que no la he hecho. Me siento muy revuelta, emocionalmente hablando, y todo mi yo se niega a escribir esa carta en este momento… Cuando esté un poco más calmada me lo volveré a plantear. ¿Vale? –Se calla… Es un poco mosqueante esto de no poder verle la cara; pero me viene bien porque así le estoy hablado muy claro sin esa necesidad enfermiza de quedar bien…

—Paty, entonces ¿qué es exactamente lo que quieres trabajar hoy en la sesión?

—Pues lo que escribí, lo de «mejorar la gestión de mis emociones»…

—¿Puedes detallarme un poco más eso de «mejorar la gestión de tus emociones»…?

—A ver… Es un poco complicado pero me gustaría dar un repaso a las competencias[16] emocionales y ver si tengo que hacer mejoras en lo personal o en lo profesional…

—¿Quieres hacerlo tú o quieres que lo hagamos en la sesión?

—Bueno, había pensado en hacerlo juntas… Si a ti te parece bien, claro.

—A mí me parece bien todo lo que a ti te sirva…

—¡Perfecto! Pues yo tengo delante el libro de Goleman. ¿Tú conoces su modelo, verdad?

—Sí, ¿qué quieres exactamente que hagamos?

—Había pensado en repasar cada competencia… Ver qué implica y si tengo algo que mejorar… Pero no sé si tiene sentido. La primera es consciencia de uno mismo; incluye todo lo que estoy viendo que hago regular… No sé cómo hacerlo… No sé cómo enfocarlo…

—Paty, repasar cada competencia de la inteligencia emocional según Goleman, es algo que puedes hacer perfectamente tú en ese

16. Conjunto de conocimientos, actitudes y habilidades que consiguen la resolución con excelencia de una acción determinada.

fantástico cuaderno de trabajo… Dime, cuando escribiste el objetivo para hoy ¿qué tenías en mente?

—Pues que está claro que no estoy gestionando bien mis emociones, me faltan cosas…

—¿Qué cosas crees que te faltan?

—Lo primero que me falta es esa autoconsciencia, porque ya te he comentado que estaba quemadísima y no me daba ni cuenta. También me falta autoconfianza; pero no lo entiendo porque se supone que la autoconfianza era una de mis fortalezas… Además he leído que se deriva de la aceptación y del conocimiento de uno mismo y no acabo de ver qué es lo que no conozco de mí…

—Bueno, si te parece bien, vamos por partes. ¿Quieres centrarte en la autoconsciencia o en la autoconfianza?

—Se supone que la primera es lo primero…

—Dices que ahora te has dado cuenta de que estabas quemada con el tema X y, si te entiendo bien, lo que quieres es ser más consciente para no llevarte este tipo de sorpresas, ¿es así?

—Sí, me parece increíble que de pronto tenga que darme cuenta de lo mal estoy… Es que llevo así mucho tiempo y no lo he visto, y como no lo he visto, tampoco he hecho nada por solucionarlo… ¿Cómo es posible que no fuera consciente de que necesitara arreglar esto?

—Dímelo tú…

—Ya, claro… No he estado pendiente de mí… –Cómo me alegro ahora mismo de que no pueda verme la cara, porque es patética…

—Paty, ¿esto que ha pasado con el tema X es extensible a otras situaciones de tu vida?

—¡Claro! Pues no lo he pensado pero supongo que sí… Nunca me ha pasado nada parecido… Pero creo que se puede generalizar… No sé, supongo que en otras épocas de mi vida he estado más pendiente de mí misma…

—¿Y qué ha pasado en esta época?

—Pues, me da la sensación de que he hecho un poco como un avestruz, meter la cabeza dentro de la tierra… Quiero decir que no he querido ver cómo me afectaba el... el tema X porque... porque me puede implicar tomar decisiones drásticas... Supongo...

—Si te entiendo bien, en los últimos tiempos has estado más evadida de ti, para no tener que afrontar directamente tu situación con el tema X...

—Sí, y ya ves cómo he acabado... Porque no sé cómo, y no lo entiendo, pero esta situación ha acabado minando mi autoestima...

—¿Cómo sabes que minado tu autoestima?

—Pues, si te digo la verdad, más que nada por eliminación... Porque he repasado mi vida del derecho y del revés y no encuentro otra explicación... Y desde que me ronda la cabeza he investigado un poco en internet y parece que es una consecuencia habitual de este tipo de... problemas... No encuentro nada más en mi vida... A no ser que sea una forma normal de evolucionar...

—¿Y eso cómo sería?

—Sería algo así como que al ir madurando, van saliendo inseguridades... No sé si tiene sentido...

—¿Y si fuera así?

—Si fuera así no tendría a quién culpar, ji, ji, ji. No. Ése es mi problema ahora, que no puedo culpar a nadie; porque sea lo que sea lo que me haya pasado, yo lo he permitido... Realmente da igual el porqué, no quiero que me vuelva a pasar...

—¿Y qué puedes hacer para que no te vuelva a pasar?

—Bueno, de momento ya he decido hacer trabajo psico-corporal una vez a la semana.

—¿Y eso para qué te sirve?

—Pues creo que me va a servir para dos cosas: una es para prestarme más atención, y evitarme este tipo de sorpresas; y otra para descargar la rabia que siento, «desquemarme», tener más calma y desde ahí tomar decisiones si hace falta...

—¿Hay algo más que puedas hacer?

—Bueno, estoy pensando en lo bien que me vino el escribir la carta... Podría hacer una especie de diario para desahogarme y ser más consciente de cómo me siento en el día a día… ¡Sí! Me parece una buena idea… A ver si no vuelvo a olvidarme de mi lado emocional…

—¿Hay algo más que te ayudaría?

—Bueno, supongo que me vendría muy bien poder hablar de ello libremente…

—¿Qué te lo impide?

—Que le he prometido no hacerlo, y yo siempre cumplo mis promesas…

—¿Y qué consecuencias tiene ahora el cumplir esa promesa?

—Pues mucho más de lo que pensaba, la verdad. Al principio no lo vi un gran problema pero cuando iban pasando los meses y el tema X iba a peor… Éste es el momento en el que me arrepiento de haberle hecho esa promesa…

—¿Qué te hace arrepentirte?

—Creo que por salvaguardar su «imagen» estoy haciendo algo perjudicial para mí y para mi salud emocional…

—¿Y qué puedes hacer?

—No cumplir la promesa…

—¿Eso te haría sentir mejor?

—Poder hablarlo sí, mentirle no. Yo no quiero que él me mienta y, aunque te parezca un poco infantil, yo soy de las personas que intentan tratar a los demás como quiero ser tratada yo… Si él me mintiera yo no se lo perdonaría…

—Y entonces ¿te merecería la pena mentirle?

—No. Definitivamente NO.

—¿Y podrías hacer algo que te permitiera poder hablarlo y no mentirle?

—Nada… Eso sería tenerlo todo… Nadar y guardar la ropa… es imposi…

No llego a terminar la frase porque se me acaba de ocurrir algo pero… Es tan sencillo que no puede ser… Estoy pensando que podría hablar con él y explicarle que necesito comentarlo e intentar llegar a algún acuerdo con él… Está claro que nunca me dejaría hablarle del tema a su familia… Ni a la mía… Ni a sus amigos… Pero a lo mejor hay alguien que no le importe demasiado y pueda ceder… ¡Seguro! No sé por qué no se me ha ocurrido antes… Ella aguarda al otro lado del teléfono, me la imagino con la cabeza inclinada a la izquierda pendiente del más mínimo sonido que salga del altavoz… Me imagino que sonríe. Yo también sonrío porque las dos sabemos que cuando se habla con otra persona se suelen ver más opciones…

—Eire, estoy pensando que a lo mejor es posible… Sí, sí, a lo mejor me cuesta unos días; pero estoy segura de que algo conseguiré…

—¿Algo?

—Sí, he pensado que podría intentar convencerle para que me deje hablarlo libremente con alguna persona que a él no le importe demasiado…

—¿Por ejemplo?

—Por ejemplo tú. Él no te conoce y tú a él tampoco… Tengo también algunas amigas con las que él no tiene ninguna relación y no debería importarle mucho… No sé, ya veré… Tengo que negociarlo…

—¿Necesitarás algo que ahora no tengas?

—Hombre, lo ideal sería que no me dejara llevar por las emociones cuando lo hable con él…

—¿Y eso cómo puedes conseguirlo?

—Bueno, supongo que con mucha respiración profunda… No me preocupa…

—¿Y te preocupa algo?

—Pues que no tengo claro con qué personas me dejará hablarlo… Ni el tiempo que me llevará conseguirlo… Pero bueno, está claro que me merece la pena intentarlo… Mejor pasemos a otra cosa…

—¿Hay algo más que te ayudaría a aumentar tu grado de autoconsciencia?

—Quizá hacer de una vez la rueda de la vida… ¡Sí! A ver si para la próxima…

—¿Algo más?

—No se me ocurre… Me lo llevo de «deberes» el pensarlo… ¿Vale?

—Como veas… ¿Quieres entrar ahora en el segundo tema, la autoconfianza?

—Hombre querer…, lo que viene siendo querer, «querer»… No es que quiera mucho… Pero «si hay que ir se va». –Ja, ja, ja, rompemos a reír las dos y me encanta ese sonido porque le quita carga al tema… Vaya tema… Sigo teniendo reparos al pensar que hablar de ello lo hace más real… Tengo claro que es una estupidez pero lo que me pide el cuerpo es hacer otra vez «el avestruz»…

—Paty… ¿Qué te hace pensar que te falta autoconfianza?

—Pues que últimamente me siento insegura en el trabajo… No sé por qué…

—¿Cómo sabes que estás insegura?

—Porque tengo miedo a hacerlo mal, tengo miedo a no estar brillante, a no ser lo suficientemente rápida mental y verbalmente…

—¿Cómo te das cuenta de que tienes esos miedos?

—Porque lo noto, lo veo en lo que pienso, también lo noto en el cuerpo… Como una sensación de temblor y se me acelera el pulso… Se me frunce el ceño, me da la sensación de que me encojo…

—Cuando te das cuenta de que estás así, ¿qué piensas?

—Por ejemplo, estoy en una sesión de coaching, y me da la sensación de que puede haber más cosas en las que trabajar con el cliente de las que yo me he dado cuenta… Puede haber alguna pregunta genial que haga que mi cliente vea la luz y a mí no se me haya ocurrido… Y la verdad es que aunque te suene patético, quiero hacerlo perfecto, quiero ser la mejor…

—¿Para qué quieres hacerlo perfecto y ser la mejor?

—Para ser la mejor… Necesito que me reconozcan, que me admiren… Para tener prestigio… No sé, pero es muy importante para mí… Si no la mejor, al menos de las mejores… Que me reconozcan…

—¿Para qué quieres que te reconozcan?

—Porque claro… Debe de ser una trampa que me pongo… Porque si yo no me digo las cosas que hago bien…, debe de ser que estoy esperando a que lo demás me lo digan…, para mí lo ideal es que los otros me lo digan y así me quedo tan a gusto…

—¿Para qué quieres ser la mejor?

—Porque siendo la mejor tienes más asegurado tu éxito profesional… Pero también hay otra parte, el sentirme satisfecha…

—¿Para sentirte satisfecha necesitas sentirte la mejor?

—Es que para mí, en el trabajo, «bien» y «mejor» es lo mismo, hacer algo bien es la perfección… Supongo que tengo ese grado de exigencia por mi historia personal, por mi infancia… Y en al ámbito profesional también he estado muchas veces rodeada de los mejores… Y yo querría estar a su nivel… Y si eres el mejor te respetan…

—¿Es necesario ser el mejor para que te respeten?

Generamos otro silencio, la verdad es que para mí sí, ¿se lo digo? ¿Realmente no me pueden respetar si no soy la mejor? Suena demasiado exagerado… Bueno, hablando de respeto profesional, porque personalmente sí que me respetan, porque me entrego, estoy por los demás… ¿Y me respeto yo? ¡Vaya preguntita me hago! No, porque no me escucho mi necesidad, mira lo perdida que he estado con el tema X… ¿Y por qué no escucho mi necesidad? ¡Vaya! ¿Será porque si no la cubro me siento fracasada? Antes de sentirme fracasada prefiero no mirar lo que necesito… Es como cuando sé que necesito adelgazar y prefiero no pesarme… Es como que mis necesidades serían una carga porque me llevarían a hacer más cosas y estoy harta de tanto hacer… ¿Y qué pasa si no soy capaz de hacer eso que necesito? Me llevaría otra vez a sentirme fracasada… La clave debe de estar en que no me presto la debida atención…

—Mira, creo que me estoy comiendo la cabeza demasiado, me estoy liando…

—¿Y qué quieres hacer?

—Creo que quiero dejar el tema porque no veo cómo abordarlo…

—¿Te ha servido lo que hemos hablado hasta ahora?

—Sí, mucho, pero creo que necesito tiempo y volver a oír la sesión para procesarlo… Por cierto ¿la estás grabando? ¡Se me ha olvidado preguntártelo! –¡Qué raro! ¡Con lo asquerosamente controladora que soy y ni me he parado a pensar si la grababa!…

—Sí, está grabándose, aunque imagino que la calidad de la grabación será peor porque a ti se te oirá más lejos… –Se calla y me deja unos segundos, supongo que para que me tranquilice–. Paty, si quieres dejamos aquí el tema; pero antes, de todo eso que has pensado, ¿me puedes decir a qué conclusión llegas? ¿Es o no es necesario ser la mejor para que te respeten?

—Bueno, lo que parece es que para que los demás me respeten no es tan necesario pero… Empiezo a pensar que para respetarme yo sí…

—¿Cómo completarías esta frase? «Yo me respeto sólo si…».

—…Soy la mejor… –¡Ya! ¡Ya no más! Me quedo callada… ¡Vaya m… de creencia! Parece que me exijo a mi misma ser «superwoman»… Pero soy yo…–. Vale. YO ME RESPETO SÓLO SI SOY LA MEJOR.

—¿Quién dice que esto es así?

—Yo.

—¿Quién puede cambiarlo?

—Yo.

—¿Seguro que no quieres ahondar en esto ahora?

—Sí, dejémoslo para otro momento, por favor… –Otro pequeño silencio, supongo que estará viendo si me hace caso o no…

—Bueno, Paty, cuando lo pienses, quizá sería bueno que te preguntaras por qué vales… Qué cosas tienes que te hacen digna de respeto… Vale. ¿Te parece bien si cambiamos de tercio?

—¿Cómo sería? –lo pregunto por preguntar, porque me da lo mismo lo que sea, siempre que paremos con mis inseguridades y mis necesidades de perfección y reconocimiento…

—Hemos hablado sobre sentirte insegura, ahora podría ser útil ver lo contrario… ¿Cómo es la sensación cuando te sientes segura?

—¡Ah! ¡Pues sí! ¡Qué buena idea!… Me siento… Uf, esto es como una montaña rusa… Déjame un momento… Cuando me siento confiada, con autoconfianza, cuando confío en mí misma, me siento… ¡que puedo con el mundo! ¡Que no hay peligro! ¡Que todo es fácil! ¡Que no tengo que hacer esfuerzos!... Es como que las cosas van saliendo solas... También hay una sensación corporal... como que siento entero el cuerpo, como si desprendiera energía, como si irradiara... No sé describirlo mejor... Siento que puedo con todo, que todo lo voy a hacer bien, que puedo resolver los problemas... Luego los problemas no existen porque puedo resolverlos...

—¿En qué momentos te sientes segura?

—En mi vida personal cuando me siento querida, que es lo que más me importa y lo que más quiero... En mi vida profesional cuando los clientes reconocen mi trabajo, o cuando yo me doy cuenta de que he estado brillante en alguna sesión... Me encanta cuando encuentro la pregunta clave, perfecta, que hace que el cliente «vea» otras cosas...

—¿Esa sensación que describes de sentirte segura puedes recrearla a voluntad?

—Nunca lo he intentado pero ahora que lo dices me parece muy buena herramienta... ¿Esto es lo del anclaje[17] de PNL?[18]

—Puede ser, ¿lo conoces?

—No; pero he oído hablar mucho y he leído algo, ¿podemos hacerlo?

—Claro... ¿Qué necesitarías para poder recrear la sensación de seguridad?

—Es que no es sólo lo que necesitaría para recrearlo... Es que también tengo un punto destructivo, autodestructivo, porque hay cosas que sé que me vendrían bien pero no las hago... Para recrearlo tendría que buscar algún rato de calma, estar en silencio y recordando, o mejor dicho reviviendo esos momentos...

---

17. Técnica de PNL para asociar un estado de recurso con un estímulo neutro. (Más información en el «Cuaderno de trabajo» de este capítulo).

18. Programación Neurolingüística. Modelo psicológico creado en los años setenta que propone técnicas para mejorar la forma de interaccionar con los demás y para sacar el máximo partido de los propios recursos intelectuales y emocionales.

—¿Qué crees que necesitas para tener esos momentos de calma?

—Darme ese tiempo…

—¿Y qué te puede impedir dártelo?

—Hay una parte de mí que me pide ver la tele, leer libros, hablar por teléfono… Como anestesiarme…

—¿Para qué te sirve anestesiarte?

—Para evadirme…

—¿Qué ganas al evadirte?

—No pensar… porque hay una parte de mí que está cansada de la responsabilidad… Toda la vida con responsabilidad, ha sido siempre un peso… Es que no puedo con todo a la vez… Pufff… Quiero evadirme de todo, de los problemas… que todo sea fácil… Me gustaría ser como un niño al que se lo hacen todo…

—¿Qué creencia sería esa?

—Pues… «Necesito evadirme para soportar la vida».

—¿Y qué coste tiene esa evasión? ¿A qué renuncias?

—A estar realmente bien. Porque teniendo instrumentos y posibilidades de estar bien… es como que hay una parte boicoteadora…

—¿Para qué sirve esa parte boicoteadora?

—Para poder autoengañarme con que la vida es más fácil… Y no es cierto…

—¿Te sabes el cuento de la canoa?[19]

---

19. Cuenta la leyenda que una persona decidió hacer el viaje de su vida. Siguiendo su camino, encontró un río profundo que no podía atravesar. Subiendo y bajando la orilla, pensando en su problema, encuentra una canoa y decide utilizarla para atravesar ese río. Al estar en la otra orilla, decide que, por si vuelve a encontrarse un río, cargará y llevará siempre consigo la canoa que le acaba de salvar. Pasan los días, las semanas y continúa con su canoa a cuestas. El terreno se hace árido, tiene que escalar montañas; pero sigue cargando con la canoa porque sabe que puede volver a necesitarla. Hace meses que no encuentra un río, la canoa se ha convertido en un lastre pero la sigue llevando porque recuerda perfectamente cómo, gracias a ella, pudo seguir adelante…

—Sí...

—¿Esto sería una canoa?

—Sí...

Nos quedamos en silencio... Supongo que sí es una canoa, que en su momento me fue útil evadirme pero luego se convirtió en un peso inútil... Esa parte me sirvió para desconectarme de una situación realmente dura de desprecio y rechazo de los demás... Y ahora me sirve para desconectarme de mi realidad. ¡Que me parece una auténtica mierda!

—Vale, Eire, es una canoa pero no puedo dejarla ahora, la necesito.

—Entonces esta parte tuya a día de hoy ¿cumple una función?

—Sí, claro, la de protegerme... –Menos mal que no me ve, pero debe de notar mi tono desinflado...

—¿Y es malo para ti el protegerte?

—Ya, vale..., sí... No, claro que no; no es malo protegerse... Pero cómo saber cuándo me paso de evasión... Cómo saber cuándo me paso de protegerme... Yo pensaba que mi canoa, mi creencia limitadora, es que evadiéndome la vida es más fácil...

—Paty, parece que por una parte no te gusta evadirte y por otra sientes o piensas que lo necesitas para protegerte...

—Ya. –Otra vez me quedo sin ganas de hablar... No sé cómo lo nota; pero seguro que lo nota porque me pregunta:

—¿Qué piensas de la gente que se evade?

—Claro, con lo que dices... –Realmente no tengo ganas de hablar... Mi cabeza se ha disparado... Estoy viendo... Sí. Necesito la evasión ahora mismo... Lo que pasa es que mi autoexigencia... A lo mejor mi canoa es otra... Porque realmente... si me protejo con la evasión... Es como que no quiero avanzar, que no soy valiente, que no quiero enfrentar las cosas...–. Ciertamente critico mucho a la gente que se evade... Huir de las cosas me parece ser mediocre, débil, fracasado..., ¡suena muy fuerte!... Y me critico por evadirme... –¡Es que no quiero y no puedo hablar de esto!–. Mira, Eire, ya lo he visto... Pero no quiero ir más allá... Por favor... Ya sé que puede ser un poco cobarde; pero es que estas cosas me gusta pensarlas a solas... No me gusta sentirme débil y contradictoria... ¿Lo entiendes?

—¿Quieres entrar en eso?

—No. Quiero que sigamos como si nada hubiera pasado... Yo te digo que no puedo renunciar ahora a esa parte mía que prefiere evadirse y tú... me preguntas otra cosa, ¿vale? –Se produce un silencio; por teléfono son un poco más inquietantes porque no sabes si sigue al otro lado... Pero conociéndola... Me viene bien porque así respiro hondo y vuelvo a estar un poco más tranquila... ¿Por qué no habla? ¿Se lo estará pensando? Suspiro. Ella debe tomarlo como una entrada porque dice:

—¿Puedes conservar esa parte tuya y, a pesar de ella, encontrar la manera de conectarte con la sensación de seguridad en ti misma?

—Sí, podría, dándome tiempo para mí, ya que le doy un tiempo a mi parte boicoteadora y me evado todos los días algunos ratos, puedo darle un tiempo a la otra parte, respetarla...

—¿Y qué necesitas?

—Lo primero que necesito es lo que estamos haciendo, tomar consciencia, y luego ponerla en práctica... Un poco de disciplina... Yo creo que necesitaría silencio, estar conmigo...

—¿Cuál sería el momento ideal? ¿Cuándo necesitas más la sensación de seguridad?

—En el trabajo, tomarme un cuarto de hora antes de empezar sesiones, por ejemplo, cuando estoy sola y aún no ha llegado mi cliente...

—¿Necesitas algo más?

—Un poco de supervisión me vendría bien, que me hagas seguimiento. ¿Puede ser?

—Seguro. ¿Y algo más?

—No se me ocurre...

—Veamos entonces lo del ancla... Tendrías que pensar en un estímulo neutro, algo como una canción, una frase, una imagen, algo que puedes hacer con el cuerpo, etc. Que *a priori* no tengas asociado a nada y juntarlo con la sensación de seguridad…

—Mira, el otro día mi sobrino me dijo «Te quiero mucho, Paty» y me conectó totalmente con esa sensación… ¿Podría valer?

—Sí, claro, es perfecto… Para reforzarlo, cada vez que te sientas así, lo ideal sería recordar la frase, repetírtela y luego, cuando lo necesites, utilizarla… ¿Crees que te resultará útil?

—Pues sí, aunque investigaré más el tema… Hoy sí que me voy a poner muchas tareas entre sesiones…

—¿Quieres resumir y comentarme qué te llevas de esta sesión?

—Bueno, cuando vuelva a oírla a lo mejor se me ocurren más cosas; pero de momento, lo que me ha resultado más valioso de la sesión ha sido:

- Reafirmarme en mi idea de dedicarme más tiempo a mí misma para no desconectarme tanto de mis emociones y mis necesidades…
- No hemos repasado las competencias de la inteligencia emocional pero ha estado muy bien porque hemos trabajado la primera, que entiendo que es la base de las demás… Porque cómo voy a gestionar mis emociones si no soy consciente de las emociones que estoy teniendo…
- Me ha gustado, aunque me repatea, darme cuenta de que he estado evitándome a mí misma por miedo. Tendré que asimilarlo…
- Me he aclarado yo misma con el tema de la autoconsciencia, y he decidido emprender acciones para estar «conectada»: las clases semanales, escribir un diario…
- Tengo esperanza de conseguir acordar otros términos con mi pareja para poder compartir con alguien todo lo que me afecta de él… Quizá esto sea lo más importante de la sesión para mí…
- También he pensado en hacer ya la rueda de la vida.

- Estoy flipada con todo lo que te he dicho de mi falta de seguridad... No lo había puesto en palabras y me ha parecido raro oírme... Lo peor es ese afán de perfeccionismo tan puñetero...
- He descubierto algunas creencias muy limitadoras: «yo me respeto sólo si soy la mejor», «necesito evadirme para soportar la vida», «si me evado y no enfrento las cosas soy mediocre, débil y fracasada»...
- Y me ha gustado mucho lo de revivir momentos de seguridad... Voy a investigar más lo del anclaje...
- Recordar el cuento de la canoa... ¡A ver si no lo olvido!

—¿Y cómo te sientes?

—Pues mira, hacía tiempo que no sentía esperanza como la estoy sintiendo ahora, la verdad, aunque no me había dado cuenta... No lo había pensado... ¡Estoy encantada de pensar que a lo mejor, haciendo estas cosas, que tampoco son nada del otro mundo, voy cambiando la situación en la que estoy...!

—¿Y cómo te has sentido con el hecho de que nuestra conversación fuera telefónica?

—Pues muy bien, la verdad. Pensé que me iba a resultar extraño y como frío, distante... Pero la verdad es que no... Te he sentido igual de cerca e igual de pendiente de mí que cuando nos vemos... Incluso puede que haya estado más cómoda sin verte... Me daba menos miedo tu juicio y me he abierto en canal más fácilmente, yo creo...

—Entonces...

—Bueno, supongo que como todo, tiene sus ventajas y desventajas: lo que pasa es que ahora mismo sólo le veo ventajas... El poder estar en sitios distintos, incluso en países distintos; el no perder tiempo de desplazamientos... Y, a mí personalmente, me ha gustado en algunos momentos no estar pendiente de ti, de interpretar tu lenguaje no verbal... Parece que el coaching telefónico es ideal para controladores... Ja, ja, ja... Y bueno, es como que me ha costado menos hablar ciertas cosas..., ¿sabes? Nunca he entendido por qué los psicoanalistas usan el diván para sus pacientes, y cuando me lo han explicado no acababa de verlo claro... Pero ahora sí que tiene sentido, realmente se vivencian las cosas de manera distinta cuando no hay ese contacto visual... Creo que es lo que me ha pasado hoy...

—¿Sólo le ves ventajas al coaching telefónico?

—Bueno, es que me he sorprendido muy gratamente porque tenía un poco de prejuicio... Me daba la sensación de que no podía ser tan efectivo como el coaching presencial pero... ¡ya ves!... A lo mejor también es porque ya te pongo cara y más o menos nos conocemos, ¿no?... En cualquier caso entiendo los prejuicios de muchas personas porque yo también los tenía...

—¿Y la siguiente, como en quince días, cómo quieres que sea? ¿Presencial o telefónica?

—Vaya, no sé... ¿Podemos decidirlo sobre la marcha?

Me dice que sí. Miramos las agendas para concretar nuestra próxima cita. Nos despedimos y colgamos. Yo me quedo inmóvil unos cuantos minutos más... Tengo la sensación de que he dado con algo muy importante...

INTELIGENCIA EMOCIONAL

«La habilidad para percibir, comprender y regular nuestras propias emociones y las de los demás».

El modelo de Goleman plantea **5 competencias emocionales:**

COMPETENCIAS EMOCIONALES PERSONALES:

1. Consciencia de uno mismo: Consciencia de nuestros propios estados internos, recursos e intuiciones.

1. Consciencia emocional: Reconocer las propias emociones y sus efectos.
2. Valoración adecuada de uno mismo: Reconocer las propias fortalezas y debilidades.
3. Autoconfianza: Seguridad en la valoración que hacemos sobre nosotros mismos y nuestras capacidades.

2. Autorregulación: Control de nuestros estados, impulsos y recursos internos.

1. Autocontrol: Capacidad de manejar adecuadamente las emociones e impulsos conflictivos.
2. Confiabilidad: Fidelidad al criterio de sinceridad e integridad.
3. Integridad: Asumir la responsabilidad de nuestra actuación personal.
4. Adaptabilidad: Flexibilidad para afrontar cambios.
5. Innovación: Sentirse cómodo y abierto ante las nuevas ideas, enfoques e información.

3. Motivación: Las tendencias emocionales que guían o facilitan el logro de nuestros objetivos

1. Motivación de logro: Esforzarse por manejar o satisfacer un determinado criterio de excelencia.
2. Compromiso: Secundar los objetivos de un grupo u organización.
3. Iniciativa: Prontitud para actuar cuando se presenta la ocasión.
4. Optimismo: Persistencia en la consecución de los objetivos a pesar de los obstáculos y los contratiempos.

COMPETENCIAS EMOCIONALES INTERPERSONALES:

4. Empatía: Consciencia de los sentimientos, necesidades y preocupaciones ajenas.

1. Comprensión de los demás: Tener la capacidad de captar los sentimientos y los puntos de vista de los demás e interesarnos activamente por las cosas que les preocupan.
2. Desarrollo de los demás: Captar las necesidades de los demás y contribuir a su satisfacción.
3. Orientación hacia el servicio: Anticiparse, reconocer y satisfacer las necesidades de los clientes.
4. Aprovechamiento de la diversidad: Aprovechar oportunidades que nos brindan diferentes tipos de personas.
5. Consciencia política: Capacidad de darse cuenta de las corrientes emocionales y de las relaciones de poder subyacentes en un grupo.

5. Habilidades sociales: Capacidad para inducir respuestas deseables en los demás.

1. Influencia: Utilizar tácticas de persuasión eficaces.
2. Comunicación: Emitir mensajes claros y convincentes.
3. Resolución de conflictos: Capacidad de negociar y resolver conflictos.
4. Liderazgo: Inspirar y dirigir a grupos y personas.
5. Catalización del cambio: Iniciar o dirigir los cambios.
6. Establecer vínculos: Forjar relaciones instrumentales.
7. Colaboración y cooperación: Ser capaces de trabajar con los demás en la consecución de una meta común.
8. Habilidades de equipo: Ser capaces de crear sinergia grupal en la consecución de metas colectivas.

Kati Garner

EL ANCLAJE DE PNL

PNL:

- La Programación Neurolingüística trata de la manera en que nos comunicamos con los demás y con nosotros mismos y el efecto profundo que esto puede tener sobre la conducta.
- Se inicia a comienzos de los años setenta, en Santa Cruz (California), cuando Richard Bandler y John Grinder crean un modelo que les permite identificar las estrategias internas que utilizan las personas de éxito, aprenderlas y enseñarlas a otros (modelar); para facilitar un cambio, tanto inmediato como a largo plazo.
- Ellos han estudiado la estructura de la optimización en la comunicación, observando la forma en que los comunicadores más eficaces de EE. UU. se comportan para obtener éxito en sus distintos ámbitos, es decir, para obtener resultados. La consecuencia de este trabajo ha puesto en evidencia modelos característicos de la excelencia en la comunicación.
- La PNL se inscribe en el ámbito de las investigaciones psicológicas americanas. Integra, especialmente, los enfoques ligados al conocimiento del funcionamiento del cerebro; las investigaciones y las técnicas lingüísticas. No pretende ser una teoría, tiene el estatus de Modelo (conjunto de procedimientos cuya utilidad es la medida de su valor).
- PROGRAMACIÓN se refiere a nuestra constitución interna, a la aptitud que tenemos para reproducir, para crear, para aplicar programas de comportamientos. NEURO concierne a las percepciones sensoriales que conforman nuestra experiencia subjetiva de la realidad y que determinan nuestro estado interno, a la vez neurológico y emocional. LINGÜÍSTICA se refiere a la manera en que nuestro proceso de pensamiento, estructura y es estructurado por el lenguaje.

Anclaje:

En PNL se llama «Recursos» a los estados generados por experiencias positivas del pasado que se pueden recuperar y traer al presente para la obtención de un objetivo determinado.

La situación de Recurso es, esencialmente, un estado positivo que nos permite disponer de todas nuestras posibilidades.

Cuaderno de Trabajo

El ser humano tiene una enorme capacidad de condicionamiento que puede ser utilizada para su beneficio. Un comportamiento una vez aprendido y vivido puede volverse disponible siempre que exista el estímulo o anclaje apropiados para desencadenarlo.

Por lo tanto los anclajes nos permiten disparar la situación de Recursos óptimos en el momento que hemos elegido; mediante la asociación de este estado y un «ancla». Ancla es cualquier estímulo visual, auditivo o kinestésico (tacto, olfato, gusto y sentido propioceptivo) que carezca de un estado asociado antes de realizar el anclaje.

Paula Navarro

----------Mensaje original----------
De: Cuesta Gómez, Patricia [mailto:paty0099@gmail.com]
Enviado el: martes, 5 de febrero, 16:14
Para: Eire
Asunto: Cuaderno de trabajo

Querida Eire:
Te mando adjunto mi cuaderno de trabajo. Estoy deseando hablar de bibliografía…

De inteligencia emocional (IE) he puesto un resumen de las competencias emocionales, pero eso está en general, a mí me gustaría algo más concreto para el coaching, ¿sabes si existe algún libro que recoja esto?
Respecto de la PNL, no he encontrado una definición más clara, aunque tampoco sé si es importante... Pero lo del anclaje, que me interesa mucho, sí que lo estoy haciendo. De momento no tengo esa sensación de seguridad en mi vida, así que me la provoco rememorando los «buenos tiempos» antes de empezar las sesiones de coaching... Y la verdad es que tengo otra actitud. ¡Vaya cambio! ¡Estoy impresionada!
¡Muchas gracias!
Un abrazo,
Patricia Cuesta Gómez
Coach profesional ACC por la ICF

----------Mensaje original----------
De: Vallejo O'Connor, Eire [mailto: eire@estoescoaching.es]
Enviado el: martes, 5 de febrero, 17:00
Para: Patricia
Asunto: RE: Cuaderno de trabajo

Hola, Paty:
¡Qué gusto leer tan buenas noticias! Ya pensaba yo mandarte un correo para hacer «seguimiento» y te has adelantado... Así da gusto...
Tu cuaderno de trabajo, como siempre, me parece muy bueno.
Respecto al libro que me preguntas, no conozco ninguno pero me pregunto si realmente lo necesitas... O lo que es lo mismo, te reto a que seas tú misma la que apliques las competencias de la IE al coaching. ¿Qué te parece? ¿Aceptas el reto? Yo también puedo apuntar alguna cosa si a ti no se te ocurre...
¡Espero tus noticias!
Un beso,
Eire Vallejo O'Connor
ESTO es COACHING
PCC
Professional Certified Coach
International Coach Federation

----------Mensaje original----------
De: Cuesta Gómez, Patricia [mailto:paty0099@gmail.com]
Enviado el: martes, 5 de febrero, 18:24
Para: Eire
Asunto: sobre retos

Querida Eire:
Has dicho la palabra mágica: «reto», ¡me encantan los retos! (o por lo menos me encantaban cuando me sentía más segura…).
Pero hace dos días que he decidido actuar «como si», en este caso como si me sintiese segura, así que voy coger el guante que me lanzas y mañana te mando un correo con lo que se me ocurra de la primera competencia de la IE y el coaching…
¡Qué bien!
Besos,
Patricia Cuesta Gómez
Coach profesional ACC por la ICF

----------Mensaje original----------
De: Cuesta Gómez, Patricia [mailto:paty0099@gmail.com]
Enviado el: miércoles, 6 de febrero, 17:13
Para: Eire
Asunto: AUTOCONSCIENCIA

Querida Eire:
Aquí estoy estrujándome la cabeza con la primera competencia y no se me ocurren grandes cosas… Quiero pensar que tampoco las hay pero ya me dirás tú… Se me ocurre que como coach implicaría:
- Autoconsciencia de cómo me siento yo cuando hago coaching y qué pienso cuando siento así.
- Autoconsciencia del estado de ánimo al ir a hacer una sesión.
- Autoconsciencia de las emociones o sentimientos que me genera mi cliente.
- Autoconsciencia de la trasferencia y contratrasferencia.

Besos,
Patricia Cuesta Gómez
Coach profesional ACC por la ICF

----------Mensaje original----------
De: Vallejo O'Connor, Eire [mailto: eire@estoescoaching.es]
Enviado el: jueves, 7 de febrero, 10:38
Para: Patricia
Asunto: RE: AUTOCONSCIENCIA

Hola, Paty:
¡Qué bueno tu resumen! Me ha gustado mucho y me parece muy completo. ¡A ver si acabas escribiendo tú el libro que buscabas! ☺
Si no quieres, no hace falta que me lo cuentes, pero sí creo que te sería útil preguntarte cómo haces en tu día a día para cubrir esos cuatro puntos…
El segundo, «autoconsciencia del estado de ánimo al ir a hacer una sesión», ya lo estás trabajando conscientemente con el ancla, ¿no? Por cierto, ¿te surgió alguna duda respecto del anclaje o de la PNL?
¡Espero tus noticias!
Un beso,
Eire Vallejo O'Connor
ESTO es COACHING

----------Mensaje original----------
De: Cuesta Gómez, Patricia [mailto:paty0099@gmail.com]
Enviado el: jueves, 7 de febrero, 11:23
Para: Eire
Asunto: Re: Re: AUTOCONSCIENCIA

Eire:
¡Vaya preguntitas que me haces! ¡También por correo…!
Bueno, desde luego tienes razón, de poco sirve la teoría si no veo cómo llevarlo a la práctica…
He observado que, con la preparación del ancla, mi yo saboteador está tranquilito durante mis sesiones de coaching. Otra cosa es cuando termino, claro… Entonces sí me puedo poner muy crítica conmigo…
Respecto de «las emociones o sentimientos que me generan mis clientes», soy consciente de que, excepto los que hemos llamado indecisos, hacia los

demás siento respeto y afecto, en general. Tengo alguna excepción pero no es actual, y lo que he pensado es que cuando me vuelva a pasar, cuando me note que no estoy 100 por 100 como quiero estar con algún cliente, voy a intentar ver cómo estoy gestionando trasferencia y contratrasferencia a ver si está ahí la clave… Algo me dice que sí.

Besos,

Patricia Cuesta Gómez

Coach profesional ACC por la ICF

----------Mensaje original----------

De: Cuesta Gómez, Patricia [mailto:paty0099@gmail.com]

Enviado el: jueves, 7 de febrero, 15:35

Para: Eire

Asunto: Rueda de la vida

Querida Eire:

Ya que estábamos hablando de autoconsciencia, he encontrado una web para hacerme lo de la rueda de la vida que tenía pendiente.

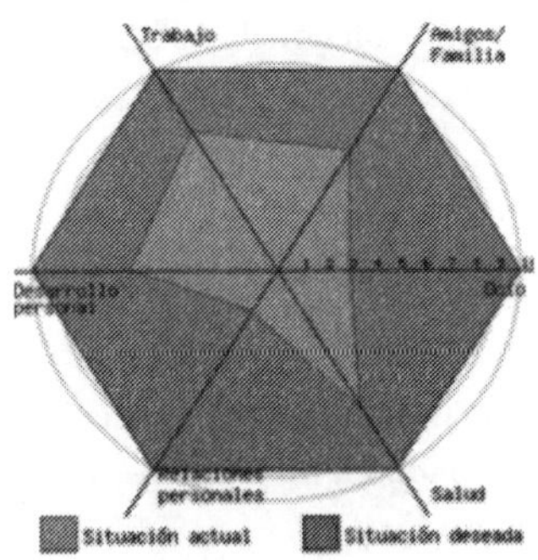

Bueno, lo de rueda es muy relativo, mira:

Esto no rueda ni queriendo… Claro que es por lo bien que estoy de salud, porque si no… ¿A que sí rodaría?

Ja, ja, ja, ja, ja, ja.

Bueno, el tema de la relación es definitivamente mi talón de Aquiles…

Pero ahora ya no me supone información nueva… Tendría que haberlo hecho antes.

He decidido poner en agenda hacerme el ejercicio dos veces al año.

La próxima en septiembre.

Besos,

Patricia Cuesta Gómez

Coach profesional ACC por la ICF

----------Mensaje original----------
De: Cuesta Gómez, Patricia [mailto:paty0099@gmail.com]
Enviado el: lunes, 11 de febrero, 12:05
Para: Eire
Asunto: AUTORREGULACIÓN

Querida Eire:
Este fin de semana he aprovechado para estudiar más IE. He concluido unos puntos para la segunda competencia emocional:
• Favorecer la higiene emocional general para estar más «libre de prejuicios» respecto del coachee.
• Saber gestionar las emociones que me provoca el coachee durante la sesión de coaching.
• No quedar «atrapada» en la emoción del coachee.
• No proyectar en el coachee las propias emociones.
(Como ves, he puesto «coachee» en lugar de «cliente», como a ti te gusta… ;)
Y si vamos a lo que me toca, lo primero lo estoy trabajando en serio; y lo que más me preocupa es lo de proyectar en el cliente mis emociones, sobre todo cuando trabajan temas que también son áreas de mejora mías…
Besos,
Patricia Cuesta Gómez
Coach profesional ACC por la ICF

----------Mensaje original----------
De: Cuesta Gómez, Patricia [mailto:paty0099@gmail.com]
Enviado el: lunes, 11 de febrero, 22:15
Para: Eire
Asunto: AUTOMOTIVACIÓN

Querida Eire:
Aquí van mis conclusiones de la tercera y última competencia emocional personal; sólo se me ocurren dos puntos:
• Saber generarse un estado de ánimo óptimo para comenzar cualquier sesión de coaching (automotivarse como coach).
• Distinguir si existe o no alineación entre mis valores y mi forma de hacer coaching.

Bueno, la primera la tengo cubierta con el ancla también, ¡si lo llego a saber antes!
La segunda, dado que ya hice el trabajo sobre mis valores, me deja muy tranquila porque, tal como te comenté, están totalmente en línea...
Besos,
Patricia Cuesta Gómez
Coach profesional ACC por la ICF

----------Mensaje original----------
De: Vallejo O'Connor, Eire [mailto: eire@estoescoaching.es]
Enviado el: martes, 12 de febrero, 10:30
Para: Patricia
Asunto: RE: AUTOMOTIVACIÓN

Hola, Paty:
Si pretendías impresionarme con tus reflexiones, ¡lo has conseguido! ¡Qué buenas! Me encantaría poder completarlo; pero de momento no se me ocurre cómo... Bueno sí... Estoy pensando que a lo mejor te resulta interesante mirar otro modelo de inteligencia emocional. Te lo mando.
Me lo descubrió un amigo experto en estos temas, que se llama Andrés Martín y es el presidente de la Fundación para la Educación Emocional. Éste es el modelo de esta fundación que desarrolló el GROP (Grupo de Investigación y Orientación Psicopedagógica) de la Facultad de Pedagogía de la Universidad de Barcelona que lideró Rafel Bisquerra y hoy dirige Nuria Pérez. ¡Espero que te resulte útil!

Ya me contarás para qué te ha servido este repaso tan exhaustivo...

Un beso,
Eire Vallejo O'Connor
ESTO es COACHING
PCC

Modelo de COMPETENCIAS EMOCIONALES
de la FUNDACIÓN para la EDUCACIÓN EMOCIONAL

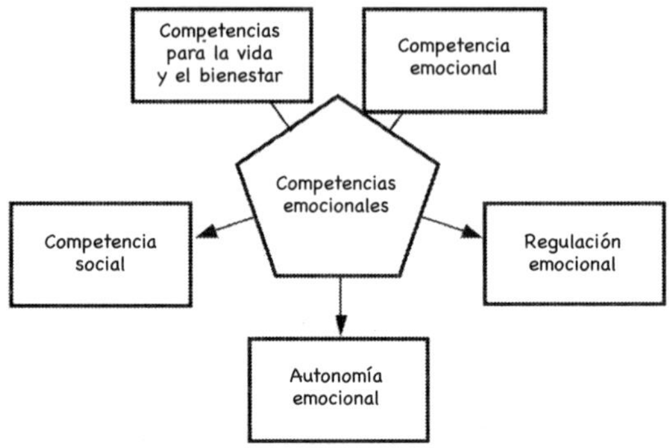

Con la intención de revisar y actualizar estudios anteriores (Bisquerra, 2003), las competencias de estos bloques se pueden expresar en los términos siguientes:

1. **Conciencia emocional**
   Capacidad para tomar conciencia de las propias emociones y de las emociones de los demás, incluyendo la habilidad para captar el clima emocional de un contexto determinado.
   1.1. *Toma de conciencia de las propias emociones:* Capacidad para percibir con precisión los propios sentimientos y emociones; identificarlos y etiquetarlos. Contempla la posibilidad de experimentar emociones múltiples y de reconocer la incapacidad de tomar consciencia de los propios sentimientos debido a inatención selectiva o dinámicas inconscientes.
   1.2. *Dar nombre a las emociones:* Eficacia en el uso del vocabulario emocional adecuado y las expresiones disponibles en un contexto cultural determinado para designar las emociones.
   1.3. *Comprensión de las emociones de los demás:* Capacidad para percibir con precisión las emociones y perspectivas de los demás y de implicarse empáticamente en sus vivencias emocionales. Incluye la pericia de servirse de las claves situacionales y expresivas (comunicación verbal y no verbal) que tienen un cierto grado de consenso cultural para el significado emocional.

2. **Regulación emocional**
   Capacidad para manejar las emociones de forma apropiada. Supone tomar conciencia de la relación entre emoción, cognición y comportamiento; tener buenas estrategias de afrontamiento; capacidad para autogenerarse emociones positivas, etc.

2.1. *Tomar conciencia de la interacción entre emoción, cognición y comportamiento:* Los estados emocionales inciden en el comportamiento y éstos en la emoción; ambos pueden regularse por la cognición (razonamiento, conciencia).

2.2. *Expresión emocional:* Capacidad para expresar las emociones de forma apropiada. Habilidad para comprender que el estado emocional interno no necesita corresponder con la expresión externa que de él se presenta, tanto en uno mismo como en los demás. En niveles de mayor madurez, comprensión del impacto de la propia expresión emocional en otros, y facilidad para tenerlo en cuenta en la forma, mostrarse a sí mismo y a los demás.

2.3. *Regulación emocional:* Los propios sentimientos y emociones a menudo deben ser regulados. Esto incluye, entre otros aspectos: regulación de la impulsividad (ira, violencia, comportamientos de riesgo); tolerancia a la frustración para prevenir estados emocionales negativos (ira, estrés, ansiedad, depresión) y perseverar en el logro de los objetivos a pesar de las dificultades; capacidad para diferir recompensas inmediatas a favor de otras a más a largo plazo pero de orden superior, etc.

2.4. *Habilidades de afrontamiento:* Habilidad para afrontar emociones negativas mediante la utilización de estrategias de autorregulación que mejoren la intensidad y la duración de tales estados emocionales.

2.5. *Competencia para autogenerar emociones positivas:* Capacidad para experimentar de forma voluntaria y consciente emociones positivas (alegría, amor, humor, fluir) y disfrutar de la vida. Capacidad para autogestionar su propio bienestar subjetivo en busca de una mejor calidad de vida.

3. **Autonomía emocional**

La autonomía emocional se puede entender como un concepto amplio que incluye un conjunto de características y elementos relacionados con la autogestión personal, entre las que se encuentran la autoestima, actitud positiva ante la vida, responsabilidad, capacidad para analizar críticamente las normas sociales, la capacidad para buscar ayuda y recursos, así como la autoeficacia emocional.

3.1. *Autoestima:* Tener una imagen positiva de sí mismo; estar satisfecho de sí mismo; mantener buenas relaciones consigo mismo.

3.2. *Automotivación:* Capacidad de automotivarse e implicarse emocionalmente en actividades diversas de la vida personal, social, profesional, de tiempo libre, etc.

3.3. *Actitud positiva:* Capacidad para tener una actitud positiva ante la vida. Sentido constructivo del yo *(self)* y de la sociedad; sentirse optimista y potente *(empowered)* al afrontar los retos diarios; intención de ser bueno, justo, caritativo y compasivo.

3.4. *Responsabilidad:* Intención de implicarse en comportamientos seguros, saludables y éticos. Asumir la responsabilidad en la toma de decisiones. Incluso ante la decisión de las actitudes a adoptar ante la vida: positivas o negativas.
3.5. *Autoeficacia emocional:* Capacidad de autoeficacia emocional, el individuo se percibe a sí mismo con capacidad para sentirse como desea. Es decir, la autoeficacia emocional significa que uno acepta su propia experiencia emocional, tanto si es única y excéntrica como si es culturalmente convencional, y esta aceptación está de acuerdo con las creencias del individuo sobre lo que constituye un balance emocional deseable. En esencia, uno vive de acuerdo con su «teoría personal sobre las emociones» cuando demuestra autoeficacia emocional que está en consonancia con los propios valores morales.
3.6. *Análisis crítico de normas sociales:* Capacidad para evaluar críticamente los mensajes sociales, culturales y de los *mass media,* relativos a normas sociales y comportamientos personales.
3.7. *Resiliencia* para afrontar las situaciones adversas que la vida pueda deparar.

4. **Competencia social**

La competencia social es la capacidad para mantener buenas relaciones con otras personas. Esto implica dominar las habilidades sociales, capacidad para la comunicación efectiva, respeto, actitudes prosociales, asertividad, etc.

4.1. *Dominar las habilidades sociales básicas:* Escuchar, saludar, despedirse, dar las gracias, pedir un favor, manifestar agradecimiento, pedir disculpas, mantener una actitud dialogante, etc.
4.2. *Respeto por los demás:* Intención de aceptar y apreciar las diferencias individuales y grupales y valorar los derechos de todas las personas.
4.3. *Practicar la comunicación receptiva:* Capacidad para atender a los demás tanto en la comunicación verbal como no verbal para recibir los mensajes con precisión.
4.4. *Practicar la comunicación expresiva:* Capacidad para iniciar y mantener conversaciones, expresar los propios pensamientos y sentimientos con claridad, tanto en comunicación verbal como no verbal, y demostrar a los demás que han sido bien comprendidos.
4.5. *Compartir emociones:* Conciencia de que la estructura y naturaleza de las relaciones vienen en parte definidas tanto por el grado de inmediatez emocional o sinceridad expresiva como por el grado de reciprocidad o simetría en la relación.
4.6. *Comportamiento prosocial y cooperación:* Capacidad para aguardar turno; compartir en situaciones diádicas y de grupo; mantener actitudes de amabilidad y respeto a los demás.
4.7. *Asertividad:* Mantener un comportamiento equilibrado, entre la agresividad y la pasividad. Esto implica la capacidad para: defender y expresar los propios derechos, opiniones y sentimientos; decir «no» claramente y man-

tenerlo; hacer frente a la presión de grupo y evitar situaciones en las cuales uno puede verse coaccionado; demorar actuar o tomar decisiones en estas circunstancias de presión hasta sentirse adecuadamente preparado, etc.

4.8. *Prevención y solución de conflictos:* Capacidad para identificar, anticiparse o afrontar resolutivamente conflictos sociales y problemas interpersonales. Implica la capacidad para identificar situaciones que requieren una solución o decisión preventiva y evaluar riesgos, barreras y recursos. Cuando inevitablemente se producen los conflictos, afrontarlos de forma positiva, aportando soluciones informadas y constructivas. La capacidad de negociación es un aspecto importante, que contempla una resolución pacífica, considerando la perspectiva y los sentimientos de los demás.

4.9. *Capacidad de gestionar situaciones emocionales:* Habilidad para reconducir situaciones emocionales muy presentes en los demás que requieren una regulación. Podemos asimilarlo a la capacidad para inducir o regular las emociones en los demás.

5. **Competencias para la vida y el bienestar**

Capacidad para adoptar comportamientos apropiados y responsables para afrontar satisfactoriamente los desafíos diarios de la vida, ya sean privados, profesionales o sociales, así como las situaciones excepcionales con las cuales nos vamos tropezando. Nos permiten organizar nuestra vida de forma sana y equilibrada, facilitándonos experiencias de satisfacción o bienestar.

5.1. *Fijar objetivos adaptativos:* Capacidad para fijar objetivos positivos y realistas.

5.2. *Toma de decisiones* en situaciones personales, familiares, académicas, profesionales, sociales y de tiempo libre, que acontecen en la vida diaria. Supone asumir la responsabilidad por las propias decisiones, tomando en consideración aspectos éticos, sociales y de seguridad.

5.3. *Buscar ayuda y recursos:* Capacidad para identificar la necesidad de apoyo y asistencia y saber acceder a los recursos disponibles apropiados.

5.4. *Ciudadanía activa, cívica, responsable, crítica y comprometida.* Lo cual implica reconocimiento de los propios derechos y deberes; desarrollo de un sentimiento de pertenencia; participación efectiva en un sistema democrático; solidaridad y compromiso; ejercicio de valores cívicos; respeto por los valores multiculturales y la diversidad, etc. Esta ciudadanía se desarrolla a partir del contexto local, pero se abre a contextos más amplios (autonómico, estatal, europeo, internacional, global).

5.5. *Bienestar subjetivo:* Capacidad para gozar de forma consciente de bienestar subjetivo y procurar trasmitirlo a las personas con las que se interactúa. Contribuir activamente al bienestar de la comunidad en la que uno vive (familia, amigos, sociedad).

5.6. *Fluir:* Capacidad para generar experiencias óptimas en la vida profesional, personal y social.

----------Mensaje original----------
De: Cuesta Gómez, Patricia [mailto:paty0099@gmail.com]
Enviado el: jueves, 14 de febrero, 11:17
Para: Eire
Asunto: Plantilla previa a la sesión + EMPATÍA

Querida Eire:
Te adjunto la plantilla previa a la sesión de mañana, ¡estoy impaciente!
Al final puedo ir a verte y, si te parece bien, la siguiente la hacemos por teléfono. Estaré allí a las 13:30 como quedamos.
Respecto a para qué me ha servido el repaso de las competencias emocionales personales... No sé cómo decirte, me he dado cuenta de que hemos estado trabajando sobre ellas todo el rato, me siento mucho más tranquila ahora que creo que el tema está controlado en parte y encauzado en otra parte...
Me ha gustado mucho el modelo de la fundación que me mandaste, se entiende muy bien...
¡Muchas gracias! ☺
No he mirado las competencias interpersonales; pero el tema de la empatía sí que lo he tenido muy presente. Al final no te comenté cómo me fue con el cliente indeciso de los viernes... Lo cierto es que hasta él debió de notar un cambio, porque estuve mucho más empática, no me desesperaba, y el intentar ver por qué estaba indeciso; y entenderle nos hizo tener una sesión muy buena, él se relajó como nunca y se dejó «coachear»...
Besos,
Patricia Cuesta Gómez
Coach profesional ACC por la ICF

PLANTILLA PREVIA A LA 6.ª SESIÓN DE COACHING

1. ¿Qué he conseguido desde la sesión anterior?
   - ✓ He hecho el resumen en mi cuaderno de trabajo
   - ✓ He empezado las clases semanales de Coaching Corporal. Estoy contenta.
   - ✓ He empezado una especie de «diario emocional».
   - ✓ He empezado a negociar con mi pareja el poder hablar del tema X.

- ✓ He sacado un momento de calma al menos la mitad de los días.
- ✓ He empezado a hacer coaching telefónico. Me siento cómoda.
- ✓ He estudiado un poco de PNL (sobre todo el anclaje) y de IE.
- ✓ He pensado mucho sobre mí… Sobre todo lo que estoy «descubriendo» en este proceso de coaching.

2. **¿Qué me propuse hacer y no hice?**
   - ✓ Repasar las competencias interpersonales o sociales. No sé si es muy importante ahora.
   - ✓ Pensar qué más puedo hacer para aumentar mi autoconsciencia, es que he estado muy entretenida…
3. **¿Qué quiero trabajar en mi siguiente sesión de coaching?**
   - ✓ Me gustaría mejorar mi manera de gestionar mis propias emociones

Capítulo 6
Gestionando emociones

Hoy he llegado demasiado pronto a su portal. Faltan quince minutos para nuestra sesión pero no creo que sea capaz de esperar aquí fuera con la ola de frío esta que se te mete en los huesos...

Bueno, esperaré en el portal. Ha pasado un vecino (que me ha saludado, muy educado él) con muy buena pinta... Debe de preguntarse qué hago aquí parada, pues... ¡No pelarme de frío! Y ¿por qué me importa lo que piense un fulanito que ni conozco ni voy a conocer? Ésa es una faceta mía que creo que nunca entenderé...

¿Voy subiendo? A lo mejor está esperándome y podemos empezar la sesión, pero si está con alguien puedo incomodarle... ¡Qué risa! ¡Me estoy acordando de aquella psicoanalista que probé unos meses y que no te abría la puerta hasta la hora en punto por más que llamaras!... Ja, ja, ja. Hasta que lo aprendí...

Yo voy a subir, si no abre tendré el mismo frío arriba que aquí, y si me, abre puedo esperar más calentita... Subo en el ascensor y llamó al timbre, tarda un poco más de lo normal, pero me abre enseguida...

—¡Hola, Paty! ¿Qué tal estás? –me saluda como de costumbre y me da dos besos mientras me sonríe con mucho... ¿aprecio?...–. Pasa, debes de estar helada... ¿Te apetece una infusión calentita o sigues prefiriendo una Coca-Cola Zero fría? –Ladea la cabeza y me guiña el ojo como retándome a despreciar una bebida caliente y no, la verdad es que no soy capaz de despreciarla... Le pregunto si tiene té «con teína». Nos partimos de la risa y confiesa que tiene té verde, no me gusta mucho pero bueno; ahora mismo me bebería cualquier cosa caliente...

—¿No te importa que haya venido antes?

—No, ya estaba esperándote. Suelo dejarme tiempo antes y después de las sesiones...

—¡Vale! –Mientras me prepara el té y ella se prepara esa cosa rara que toma, que huele tan bien, pone en marcha la grabadora.

—Patricia, he pensado que como hemos pasado el ecuador de las sesiones previstas, podría ser interesante hacer una especie de «suma y sigue». ¿Qué te parece?

—Me parece muy bien, de hecho ya he empezado a hacerlo cuando venía hacia aquí... Y recordaba sobre todo la primera sesión, que debí de parecerte insoportable...

Se calla. ¡No te calles ahora! ¡Ahora es cuando necesito oírte decir que no, que para nada, que te caí fenomenal desde el momento en que me viste! Se gira, me mira y me pregunta:

—¿Qué te hace pensar eso? –¡Vaya! Me sale con una preguntita de coaching... ¡Pues no pienso responderle!–. Patricia, ¿he dicho o hecho algo que te haya molestado? –Y por qué me llama ahora Patricia... Es que no se da cuenta... A ver si el hablar de la primera sesión me va a hacer ponerme igual de...

—Lo siento. –¡Vaya por Dios!–. Es que me daba miedo caerte mal cuando vine y como ahora no has dicho que no te parecí insoportable... –Sonríe, parece que ya me entiende...

—Bueno, estaba esperando a que continuaras contándome tu resumen del proceso, no me tomé tu afirmación como una pregunta... Y no, no me pareciste insoportable en absoluto, es más, me caíste bien... –¡Sí! ¡Sí! ¡Síííííííííííííííííííííí! ¡Lo ha dicho! Ahora yo también sonrío, de oreja a oreja, hasta que me da por pensar. ¿Lo habrá dicho en serio? ¿Lo ha dicho porque sabía que era lo que quería oír? Ella trae las bebidas a la mesa y yo no puedo evitar preguntarle:

—¿Me puedes explicar cómo es que te caí bien si me comporté como una cretina?

—Te comportaste de determinada manera. –Deja las tazas sobre la mesa y apoya una rodilla en el asiento y una mano en el respaldo de la silla, pero no se sienta–. Lo de «cretina» o «insoportable» son interpretaciones tuyas; yo interpreté que estabas insegura y a la defensiva y que tu intuición te decía que tocarías temas que querías evitar... Y alguna parte de ti se revolvía... Pero tengo una hermana que es así, y estoy acostumbrada a ver más allá y a no etiquetar rápidamente... La verdad es que... Bueno, tenemos que empezar, así que cuando quedemos fuera del proceso te contaré mi forma de prepararme las sesiones, ¿vale? Ya veo que intriga... –¡Dios mío! ¿Tan trasparente soy?–. No es nada especial, suelo hacer una pequeña visualización que me conecta con la actitud, con la intención que creo más útil para hacer coaching...

—Ah... Vale... ¿Cómo sabes que me intrigaba? ¿Cómo sabías antes que estaba molesta?

—Por tu lenguaje no verbal, claro...

—¿Tan trasparente soy?

—No sé decirte, para mí casi todo el mundo es bastante trasparente, y yo soy también trasparente para casi todo el mundo... ¿Acaso no me notas tú mis estados de ánimo?

—Bueno, sí, la verdad es que sí pero ¿tienes algún truco?

—Utilizo, bueno, utilizaba técnicas de PNL, ahora pongo el piloto automático...

—¿Qué técnicas de PNL?

—Las enfocadas en la comunicación: calibrar y sincronizar.

—Ya, sí, algo he leído, pero no me ha quedado muy claro en la práctica... ¿Me lo puedes explicar más aunque no sea coaching?

—Vale. –Ahora sí se sienta pero no en su silla habitual, desplaza sus cosas y se sienta a mi otro lado..., ¡qué cosas más raras hace! Como si me leyera el pensamiento dice–: Si te parece bien, me siento aquí mientras hablamos de ello y cuando vayamos a empezar el coaching nos ponemos como siempre, ¿sí? –Asiento con la cabeza aunque no muy convencida. Ahora mismo me interesa más que me cuente lo de la PNL...

—¿Qué conoces de estas técnicas?

—Si no recuerdo mal, calibrar es observar a tu interlocutor al detalle...

—¿Y qué se observa?

—Todo, lo que dice, lo que no dice, sus gestos...

—... Sus microgestos de la cara, su voz, su respiración, sus silencios y la sensación que te trasmite... ¿Y para qué?

—¿Para conocerle?

—Para conocerle, entenderle, notar si está a gusto y luego poder sincronizar... También lo llaman *rapport.* ¿Recuerdas algo del rapport?

—Que no me quedó nada claro... Alguien me contó algo de unas neuronas espejo y de que había que imitar al otro para generar un buen clima con él... Pero a mí eso me parece un poco forzado, seguro que se nota...

—Mira, creo que con este tipo de cosas pasa igual que con el coaching, por mucho que se lea sobre el tema, no se entiende su alcance hasta que no se practica... Normalmente recomiendo hacer alguna formación, aunque sea corta, antes de leer algún libro de PNL porque en la formación se practica la habilidad, y es cuando realmente se aprende... Bueno, te diría que releas sobre la sincronización e intentes practicarlo entre sesiones y cuando tengas dudas me lo comentas por correo o me llamas, ¿te parece bien? –Asiento. Me llama la atención recordar eso y además así no pierdo tiempo del coaching. Ella sonríe y por fin se sienta en su sitio–. Entonces ¿te parece buena la idea de hacer balance?

—Sí. Sí, me parece muy bien... La primera sesión para mí fue muy útil porque recordé qué es coaching y el poder de la pregunta... Y me aclaré en que lo que necesitaba era coaching y a lo mejor supervisión... Por cierto, no hemos hecho supervisión...

—¿Y quieres hacerla?

—Pues, no sé, la verdad, creo que me vendría muy bien, pero ahora me interesa más seguir con lo que estábamos... Si cambio de idea te digo. ¿Vale? –Asiente con la cabeza y sigue callada, supongo que espera que siga con mi resumen...–. En la segunda sesión definimos mi meta del proceso: «Disfrutar más de mi trabajo y sentirme más competente» con el listado y el DAFO resultó relativamente sencillo ver mis áreas de mejora... Luego entre las sesiones hice un listado de objetivos, que ordenamos la siguiente vez que nos vimos, y también decidí dejar el tema de plantearme una reorientación de carrera para dentro de un año y el plan B para cuando acabemos este proceso...

—Paty, me gustaría completar tu resumen si a ti te parece bien... Yo tengo en mi cuaderno algunas frases textuales tuyas que considero que te resultaría interesante trabajar, ahora o cuando quieras... Mira, en la primera sesión me dijiste: «¿Cómo voy a ayudarle (a un cliente) en algo en lo que yo no sé ayudarme a mí misma?». ¿Lo recuerdas?

—Sí, está claro, éste es otro ejemplo de diferencia entre lo que pienso; o mejor dicho, lo que sé y lo que siento, el cómo lo vivo... –Puff, ya estamos... Nunca pensé que sacáramos tantas «puñetitas»... No creo que nos dé tiempo a trabajarlas todas en este proceso...–. Eire, lo apuntamos y si tenemos tiempo al final lo trabajamos, ¿vale? Porque creo que merece la pena acabar primero los objetivos del principio...

—De acuerdo. En la segunda sesión anoté un par de frases, una fue: ...«Un plan de acción sobre mis debilidades; pero antes creo que sería bueno entenderlas y ver cómo me las quito»... ¿Cómo te suena?

—Ya, bueno, sí, de entrada de suena irreal, porque quitármelas... Sería más bien reducirlas o controlarlas o yo qué sé... Suena muy prepotente... Y..., bueno, lo de entenderlas..., así visto de lejos... Está claro que no es para un coaching, eso sería para trabajar en terapia… Bueno, lo obviamos aunque ciertamente me encantaría entenderlas…

—Entonces ¿aquí hay algo en lo que profundizar?

—No, ya no…

—¿Qué quieres decir con «ya no»?

—Que al principio yo venía con unas ideas muy… distintas… Y a lo mejor cuando dije la frase era todo un tema pero ahora tengo mucha más perspectiva y no creo que merezca la pena detenerse en esto…

—Muy bien. A ver cómo te suena esta otra frase tuya… «Soy de las que se fijan más en lo que falta que en lo que tienen… Siempre estoy más pendiente del fallo que del logro».

—Vale, tomo nota. –No me hace ninguna gracia… aunque sé que es por mi beneficio me molesta que me ponga «todas las cartas encima de la mesa»… Son más temas pendientes…–. ¿Qué quieres que te diga, Eire? Lo sigo pensando y sí… Sé que es un tema que tengo que trabajarme… El más preocupante, diría yo, el más «duro»… Pero sigo pensando que mejor al final… Que me interesa más terminar con el tema de la seguridad, de la confianza en mí misma… Aunque realmente no sé si es un tema que pueda tener un final… Pero al menos intentar mejorarlo porque mejorarían muchas cosas en mi vida… –Asiente, está seria, no sé qué estará pensando… A lo mejor no le hace ninguna gracia dejar todo para final… Bueno, yo sigo…–. En la tercera sesión apuntamos un área de mejora. –No puedo evitar sonreír al recordar cómo pasé de llamarlo «fallo» a «área de mejora»…–. La de sentir al cliente como un igual, que también estará en nuestra lista de «pendientes», y empezamos a trabajar en bloques de objetivos, en el primer bloque sobre todo, que podría titularlo «yo conmigo». Y luego fuimos hacia los pilares del coaching, el GROW y las competencias de ICF…

—Por cierto, Paty, tengo aquí apuntado que quedaste en comentarme si el repasar todo eso te había ayudado para «sentirte más segura, competente y eficaz». ¿Lo recuerdas? Tú tenías un par de clientes al día siguiente y me ibas a comentar si te había resultado útil…

—Sí, es verdad, lo siento, al final no te lo comenté, se me hacía un poco raro escribirte sólo para eso, lo cierto es que sí me fue útil…

—¿Cómo estaríamos de puntuaciones? –Me dibuja una tabla en su cuaderno y refleja las puntuaciones de las que hablamos en esa sesión y me hace puntuar el después, le diré un 6,5 aunque hoy creo que podría ser más… Y nos queda así, pendiente de la puntuación final…

1. SENTIRME SEGURA, COMPETENTE, EFICAZ	De 1 a 10
Al principio como coach	9,5
Al inicio del proceso de coaching	5
Tras 3.ª sesión	6,5
Al final del proceso de coaching	

—En la cuarta sesión nos dimos de bruces… Vale, me di de bruces con el tema X, empezamos a trabajarlo hasta que preferí irme por las herramientas. Entonces vimos la rueda de la vida, pero tú te quedaste con la mosca detrás de la oreja y me propusiste las cartas… Hice una, y acabé en el curso de Coaching Corporal… Realmente un antes y un después… ¡Vale! Ahora es cuando me recuerdas que no escribí la carta de perdón, ¿no?… Como han pasado unos días creo que lo voy a retomar, lo apunto para hacer entre sesiones… Pero… es que…, ¡Eire!, ¡estoy muy enfadada con él y creo que no le perdono! Al menos de momento… Claro, tú ahora me dirás que razón de más para escribir la carta pero… –Una vez más se hace el silencio… Desde que empecé a trabajar con el cuerpo me he dado cuenta de lo enfadada que estoy con él, de lo indignada que estoy y la impotencia que siento, por ser algo que no está en mi mano solucionar, también me lleva a la rabia... ¡Y la rabia me llevará al «lado oscuro de la fuerza»! Ya, Paty, pretendes reírte para no entrar... Ya te voy viendo...–. Pero es que ¿cómo voy a perdonarle si no le perdono? Bueno, ya veré si lo hago o lo dejamos en mi lista de «acciones pendientes», ¿vale?

—Vale. De esa sesión, la cuarta, recuerdo que sacaste un plan de acción para afrontar de forma distinta a los clientes indecisos. Si te parece bien, me gustaría saber si has tenido ocasión de llevar a la práctica tu plan...

—Sí, tienes razón, no te he contado, tengo ahora mismo al peor de todos, yo creo. Es un directivo que sobre el papel se lo sabe todo; pero luego de aplicar lo que sabe no tiene ni idea y me marea con una retórica estupenda pero no toca tierra... Bueno, no me voy a desahogar contigo, el caso es que lo probé con este hombre y con otro que también me sacaba de quicio. ¡Perdón!, «con otro que también me servía de excusa para salirme del quicio». –Yo arqueo las cejas como diciendo «mejor así, ¿no? y ella me giña un ojo con complicidad... Sonreímos...–. Bueno, el caso es que en las dos situaciones mejoró muchísimo mi estado de ánimo y mi manera de estar para ellos, aunque al primero que te acabo de mencionar, no acabo de entenderle...

—¿Cómo sería en una tabla de puntuación? –Empezamos a dibujarla–. ¿Te interesa trabajar más en este objetivo?

Entre las dos rellenamos una tabla como la del objetivo anterior... Me parece un buen resumen este...

3. LLEVAR BIEN A LOS CLIENTES INDECISOS	**De 1 a 10**
Al inicio del proceso de coaching	3,5
Tras 4.ª sesión	7
Al final del proceso de coaching	¡Conseguido!

—Pues… Yo creo que no… No; porque estoy en un 7 y subiendo… Vamos, que creo que seguirá mejorando a medida que mejoren los otros y por otra parte un 7 me parece suficiente. –Sonríe… ¡Ah! ¡Claro! Estará pensando en mi afán de perfeccionismo…–. Eire, ¿por qué no hacemos una tabla de cada uno de los objetivos?

—Si tú quieres lo hacemos, claro… El primero ya está, el segundo objetivo, «divertirte con tu trabajo», creo haber entendido, aunque no recuerdo en qué sesión, que se solucionaría con el primero. ¿Es así?

—Sí, bueno… Sí. Entonces no sería un objetivo en sí mismo, más bien sería un indicador de que se ha conseguido el primero, ¿no?

—Puede ser. ¿Cómo estaríamos de este indicador? –¡A por otra tabla de puntuaciones! Ésta queda así:

2. DIVERTIRME CON EL TRABAJO	De 1 a 10
Al inicio del proceso de coaching	2
Tras 5 sesiones	3
Al final del proceso de coaching	

—Paty, independientemente de que sea un indicador del primero, ¿crees que te puede venir bien trabajarlo?

—No sé qué decirte, la verdad… ¿Vale que me lo piense?

—Claro.

—No, no quiero pensarlo… Quiero trabajarlo… ahora, si te parece bien.

—Me parece bien. Entonces dejamos para luego el continuar con el primer objetivo, el de la seguridad, ¿sí?

—Sí.

—Me gustaría saber si con este objetivo te pasa como con el primero, que antes estabas mejor y has notado que empeoraba últimamente...

—Sí. Me pasa igual... De hecho... –Le cojo el papel donde está poniendo las tablas de puntuación– ...aquí tendríamos que añadir la línea de «al principio como coach», y quedaría así:

2. DIVERTIRME CON EL TRABAJO	De 1 a 10
Al principio como coach	9
Al inicio del proceso de coaching	2
Tras 5 sesiones	4
Al final del proceso de coaching	

—Paty, por la puntuaciones da la sensación de que antes de divertía mucho y luego dejó de divertirte... ¿Cuándo ha dejado de divertirte tanto?

—Puff... No sé, ha sido poco a poco y ni me he dado cuenta, la verdad, creo que todo empezó hace unos tres años o menos y en el último año he caído en picado...

—¿Te ha pasado con otras cosas?

—No te entiendo.

—¿Hay más cosas que te divertían hace cuatro o cinco años y que han dejado de divertirte...?

—¡Vaya! ¡Ahora que lo dices... –Hacemos otro de nuestros silencios... ¡Qué barbaridad! ¡No lo había pensado pero todo ha caído en picado... ¡Vaya m...! ¿Cómo no me he dado cuenta?... ¿Se lo digo?... Me va a decir que a lo mejor estoy depresiva y que me vaya a hacer una terapia… Tampoco puedo no decírselo. Levanto la vista y sólo veo su interés genuino… ¿Cómo no se lo voy a decir?–. Mira, Eire, la verdad es que me estoy dando cuenta de que la falta de diversión es una constante a día de hoy…

—¿Y eso te pasa normalmente?

—¿El qué?

—Que las cosas te diviertan mucho o bastante y luego dejen de divertirte.

—No, así no… Es como que…, si lo pienso…, he dejado de disfrutar de muchas cosas, de divertirme con ellas, pero no sé por qué…

—¿Ha ocurrido algo en tu vida en estos últimos tres años?

—¡Oh! –No tengo palabras… ¿Seré idiota? Lo he tenido delante y no he sido capaz de verlo…–. Sí. El tema X. –Y me callo. No quiero hablar más. Parece que siempre vamos a acabar en lo mismo. Me miro fijamente las manos… ¡Oh, Dios! ¡Quiero desaparecer! Me gustaría coger mis cosas y salir corriendo de aquí y no volver y… ¿Y para qué?… ¿Para no afrontar el temita? ¿Acaso salir de aquí puede cambiar la realidad? No entiendo cómo no me he dado cuenta antes de que lo estaba tiñendo todo…–. Me siento como si hubiera obviado una gotera y ahora me encuentro con mi casa inundada… Me siento muy estúpida, Eire, lo siento… Así no quiero seguir…

Sigo sin alzar la vista, no sé qué estará pensando… Ni siquiera sé si está pensando… Levanto un poco los ojos y la miro con una sonrisa torcida. Vuelvo a bajar la vista. Ella me está mirando intensamente, como «viendo» lo que estoy pensando… Con preocupación y un poco de… ¡¿COMPASIÓN?!. Me niego. Levanto la cabeza y la miro enfadada.

—Mira, Eire, ¡no necesito tu compasión! Es más, ¡NO LA QUIERO! –¡Dios mío! ¡Le he gritado!… Bueno tampoco he gritado tanto…–. Lo siento. –¡Al menos esta vez procede decirle «lo siento»… Me levanto, empiezo a dar vueltas por la sala… No sé para qué pero el cuerpo me pide que me mueva, como si con el movimiento me pudiera desprender de… de todo esto…–. Estoy muy cabreada…

Pero no es contigo, es conmigo, porque creo que he sido idiota, tanto hacer el avestruz… No es por ti, ni por nada que hayas dicho… es que no entiendo cómo he podido ser tan tonta… Estar tan ciega… Y dejar que este tema me vaya minando poco a poco… Es…, no sé…, vergonzoso…, indignante…, estúpido… Y…

Uff, ya no puedo ni hablar… Otra vez ese nudo en la garganta ¡Me c… en todo lo que se menea!… Venga, voy a respirar hondo… Respirar… Respirar… Suspiro y resoplo… Resoplo y suspiro… Me quedo quieta mirando por la ventana…

Ella ha debido de levantarse porque de pronto me pone una mano en el hombro como diciendo «estoy contigo». Aprieta la mano ligeramente y no sé por qué pero ese contacto me desarma… La rabia empieza a dar paso a la tristeza… ¡Paso de llorar delante de ella! ¡Menudo numerito he vuelto a montar!

—Eire, no sé qué me pasa… Yo no era así… –¡Hay que ver cómo aguanta esta chica el silencio! Nunca dejará de asombrarme…

—Paty, imagínate que estás oyendo a una persona a la que quieres mucho hablar como estás hablando tú de ti misma… ¿Qué le dirías?

No voy a contestarle… No puedo hablar… Tengo la sensación de que si abro la boca se me escapará el llanto y no pararé de llorar hasta que me muera de la pena… ¡Me doy pena! ¡No quiero su compasión pero yo me doy pena! ¡Es el colmo!… Sí. Tiene razón, me estoy tratando fatal, me estoy machacando gratuitamente… Si yo no fuera yo, me daría un toque serio y diría: «No te metas con mi Paty», seguro que no soy la primera mujer que se cree que puede con algo para luego descubrir que no… He sido prepotente o ilusa o lo que sea, pero echarme cosas en cara tampoco me va a servir de nada… Mejor respirar… Suspirar… Respirar… Noto que voy aflojando un poco la tensión de los hombros… Me acabo de dar cuenta de que sigue con su mano en mi hombro y de que desde que la ha puesto no paro de resoplar ¡como un caballo!, me da la impresión de que ella resopla conmigo… Bueno, en realidad no resopla, pero es como que respira fuerte… Me siento mal, pequeña, me gustaría que me abrazara y me consolara pero no lo voy a hacer... No es mi madre... Eso no es coaching... Pero siento que está conmigo... En cierta forma me... me acompaña... desde el corazón..., ¡es una sensación buena!, acogedora...

Ésta debe de ser la sesión de coaching con más silencios de la historia del coaching... Después de un largo suspiro, decido intentar hablar... A ver... No, aún no puedo... Parece que ella nota mi intención porque me pregunta:

—Paty, ¿dónde están tus pensamientos? ¿Pasado, presente o futuro?

—Un poco en el presente, viendo el soberano ridículo que estoy haciendo... Y un mucho en el pasado... Intentando entender cómo he podido ser tan estúpida...

—¿Y eso para qué te sirve?

—Pues no sé... Para nada bueno, para machacarme... Al menos no le culpo a él de lo que me pasa... El tema X me ha afectado tanto porque yo lo he permitido... Ahora sé que YO soy la culpable...

—¿Y eso para qué te sirve?

—Bueno..., ¡para que me entren unas ganas locas de insultarme!... ¿Para qué?... Para descargar toda mi mala leche... ¿Para qué?... Para que no se me quede dentro y me vuelva agria... Aunque ya estoy bastante agria... –Desde luego mi cara es de asco, aunque no creo que la vea porque sigo mirando a la ventana, mirando sin ver... Pero mi tono de desprecio al hablar..., ése seguro que lo nota... ¿Y qué?

—Paty. –Vuelve a hacer una ligera presión con la mano, como si me estuviera llamando... No dice más... Su gesto y su silencio me invitan a darme la vuelta... Me mira con auténtico afecto–. ¿Qué necesitas para salir de esta sensación que tienes?

¿Que qué necesito? ¡Y yo qué sé! Bueno vale, voy a pensarlo... Desvío la mirada otra vez...

—¿Qué tal si nos sentamos? –Se dirige a su sitio y me sigue mirando, su forma de mirarme me agrada, me hace sentir..., no sé..., ¡qué más da! ¡Bien!–. Lo primero sería calmarme..., no creas que no lo intento..., y dejar de machacarme...

—¿Te puedo proponer un ejercicio?

—¡Sí! ¡Por favor!

—Bien. Ponte en otra silla. Siéntate. Cierra los ojos y respira hondo un par de veces… Quiero que imagines que damos a un botón imaginario y rebobinamos lo que acaba de pasar. Y tú desde esta silla en que estás ahora, vas a ver a Paty desde que se levanta y camina… ¿Lo tienes? –Asiento suavemente para no romper «el hechizo»–. Dime qué ves; pero háblame de ella, de Paty, como si no fueras tú…

—Veo a una chica que está sufriendo mucho… Yo la entiendo… Porque… el tema X… Pero ella se machaca… No creo que nadie pudiera llevarlo bien… No debería culpabilizarse así… Sobre todo porque no le sirve para nada… Está «haciendo leña del árbol caído» y se está «tirando piedras a su propio tejado»… Me viene a la cabeza lo de «YO soy la culpable»… ¡Qué barbaridad! ¡Qué poco respeto por mí misma! ¡Qué afán de protagonismo! ¡Qué ego! ¡Qué afán de perfeccionismo!…

—¿Qué le dirías?

—Le diría:… Mira, chata, ya está bien, ¡deja de regodearte en la mierda que huele!… Esto no le sirve a nadie… ¿Para qué seguir culpándote? ¿Te va a ayudar? No, sólo te hundirá más en el valle de las lamentaciones… –Ahora me callo. No me apetece hablar más, pero sí seguir con el ejercicio… Observándome, ¡qué bueno! Me veo como seca… como desvitalizada… como si fuera un zombi… ¡Qué fuerte! Y ¡qué lástima!… Bueno ya, ya está bien de lástimas…

—¿Quieres decirle algo más?

—No.

—¿Cómo te suena esto que le has dicho?

—Mal; pero no puedo evitarlo…

—¿Qué sientes hacia ella?

—… Lástima… Y también me molesta… Me enfada que se trate así… Me da rabia… ¡Me parece un desperdicio!

—¿Qué crees que necesita?

—No sé… Que la traten así no… –Vuelvo a resoplar, intento respirar hondo–. Necesita dejar de «hacer el avestruz», necesita afrontar la realidad por cruda que sea… Necesita llamar a las cosas por su nombre… Necesita anestesiarse menos y gestionar más sus propias emociones sin evadirse de ellas… Necesita apoyo… Necesita cariño… –Y ya. No puedo hablar más… Recuerdo una visualización que me aconsejaron que consistía en abrazarme yo misma como si abrazara a mi parte de niña, ¿lo hago? ¿Me da un poco de vergüenza? Bueno, si me he acordado ahora, será por algo… Cruzo los brazos sobre mi pecho y noto que me apetece otra vez llorar… Intento sacarlo por la respiración… Suspiro… Respiro…

—¿Quieres decirle algo más?

—No.

—¿Quieres abrir los ojos y dar por finalizado el ejercicio?

—Vale… –Abro los ojos pero no miro su cara. Me vuelvo a mi silla, ya me siento «como en casa» en mi silla…

—¿Qué te puede venir bien ahora?

—Pues supongo que mirar al futuro, dejar el pasado y el presente inútil y ver qué hago con esto que he descubierto…

—¿Qué has descubierto?

—Que el tema X lo contamina todo, que me está afectando en todos los niveles de mi vida, y cuanto más veo más lejos llega su «veneno»… Más profundo…

—¿Para qué te sirve ver esto?

—Lo primero para ser consciente… No voy a empezar a autoflagelarme otra vez pero ¡ya me vale! ¡No sé cómo no me he dado cuenta antes…! Bueno, está bien conocer la dimensión de los «daños colaterales» del tema X; porque ahora me urge mucho más solucionarlo o ver si puedo tomármelo de otra manera…

—¿Cómo sería tomártelo de otra manera?

—Pues supongo que lo primero sería hablarlo más con mi pareja y hacerle entender que así yo no puedo seguir, que no puedo más…

—¿Y qué más?

—Quisiera entender cómo afecta tanto este tema a todo lo que soy…, ¡es desconcertante! Pero bueno, si no puedo entenderlo, al menos tendré que buscar qué hacer para contrarrestar los efectos negativos que me produce…

—¿Qué acciones puedes implementar?

—Puff… No sé… A ver…, en el ejercicio me he visto como «un muerto viviente»… Podría buscar aquellas cosas que siempre me han hecho sentirme más viva… Cosas que disfrutar… ¡A ver si sigo disfrutando!, porque me he dado cuenta de que gran parte de la pérdida del disfrute viene de dejar de ponerme en situación de disfrutar, ¿me explico? Es como que estoy apática y… Por ejemplo, yo disfruto mucho de oír música, pero últimamente no me surge ponérmela… O disfruto quedando con mis amigas, pero ahora las rehúyo porque estoy harta de que me pregunten qué tal y tener que decir «bien» cuando me siento fatal…

—¿Y respecto de disfrutar con tu trabajo? ¿Se te ocurre algo que puedas hacer y que incida directamente en esto?

—Pues… No… No. No creo que haya nada que vaya directamente a eso pero pienso que en cuanto «mejore» otras áreas, ésta mejorará sola…

—¿Y de lo que has comentado en el ejercicio?…, dejar de «hacer el avestruz», afrontar la realidad por cruda que sea, llamar a las cosas por su nombre…

—Bueno, eso creo que lo estoy haciendo, desde que hemos empezado el proceso de coaching, y a pesar de todas mis resistencias, cada vez estoy más ahí…

—¿Hay algo más que no estés haciendo y que te pueda ayudar en esto?

—Bueno, lo que te he dicho antes… Quizá tomármelo más en serio… Ponerme firme yo a mí misma… Obligarme un poco a hacer las cosas que sé que luego agradezco…

—¿Y de lo que has dicho en el ejercicio de que necesitarías más apoyo y cariño?

—Sí… Así no puedo seguir… ¡Así no quiero seguir!… Mira, lo acabo de decidir, voy a contarle todo el tema X a mi hermana del alma, voy a intentar convencerle este fin de semana y si no lo consigo le diré que de todas formas lo voy a hablar con alguien. Así no puedo seguir… Lo siento por el disgusto que se va a llevar mi hermana pero… Ella sabe que pasa algo y que no se lo quiero decir… Es muy lista y me conoce muy bien… Así que nada. ¡Decidido! Eso es quererme y buscar el apoyo y el cariño de quien me quiere… ¡Lo haré!

—¿Algo más?

—No… Me levantaría ahora mismo y saldría corriendo para hacer lo que te he dicho, ja, ja, ja –nos reímos las dos, contentas, imaginando la escena…–. No lo voy a hacer porque aún no he agotado «la vía diplomática» con mi pareja, pero estoy viendo que es estúpido respetarle a él a mi costa. Por no hacerle daño a él, yo me lo estoy haciendo a mí misma y no es esto lo que quiero en mi vida…

—¿Esto tiene que ver con tu primer objetivo?

—Pues sí. Ahora mismo me siento muy segura… Es como que he levantado la cabeza… Voy a pisar fuerte, esto del tema X es muy destructivo…

—¿Cómo se relaciona el tema X con la inseguridad?

—Supongo que hay un núcleo de inseguridad en casi todo el mundo… Y todos queremos ser queridos… Como yo no me he sentido nunca muy querida, ahora que tengo alguien que me quiere, que me ha elegido para ser su pareja…, es como que no quiero perderlo aunque el tema X me esté destrozando… No sé… No sé cómo explicarlo mejor… Es como que si tengo alguien que me quiere estoy dispuesta a aceptar y aguantar lo que sea… Pero claro…, ¿cómo voy a sentirme segura, competente y eficaz en mi trabajo si estoy dejando que mi pareja me pisotee…? Aunque él no quiera… Esto es un relación directa, para mí… También veo que algo he avanzado porque al principio me preguntaba si este problema había surgido por mí, por no ser suficiente para él, por no ser lo suficientemente buena como pareja…

Otro gran silencio. Mi cabeza va a mil por hora. Es como si una parte de mí hubiera estado hibernando y ahora se despertara… ¡Me pica todo! ¡Quiero salir y hacer!; pero está gustándome esto… Ella me mira, como siempre, no sé cómo lo hace pero es como un «puerto seguro»… Así me siento mejor y mi cabeza piensa mejor…

—Y mira, Eire, no sé cómo te va a sonar pero hay una característica mía… ¡J…! ¡Me estoy dando cuenta de dos cosas más que he perdido! ¡He perdido confianza en mí misma y confianza en mi intuición! Y todo por el dichoso tema X…

—¿Cómo sabes que es por eso?

—¡Porque se me ha encendido la bombilla! Mira, una cualidad mía muy útil en el coaching, y que me daba confianza, era mi intuición… Y…, a ver cómo puedo explicártelo…, con este tema, él me ha hecho dudar de mí, de mi intuición e incluso de mi percepción… No sé cómo explicarte… Es un problema que él tiene y me lo niega, y yo lo veo pero él lo niega, y llega a convencerme de que es así aunque yo veo que no y ya llega un momento en el que… Ufff… En el que ¿cómo fiarme de mí?

Me callo. ¡Qué fuerte y qué cierto todo lo que estoy diciendo! Tengo todo el cuerpo tenso y unas ganas locas de ponerme a parir otra vez… Pero no. Eso se acabó, lo he hecho lo mejor que he podido basándome mi experiencia, que era 0 con el tema X, y basándome en mis limitaciones, que no son ni mayores ni menores que las de los demás… No quiero lamentos. Quiero soluciones.

De pronto me doy cuenta de dónde estoy. Me había ido…

—Me fui, lo siento, ni siquiera soy consciente de qué he dicho en voz alta y qué he pensado sin decirlo… –Sigue sin hablar, espero que se me esté pegando esta forma tan estupenda de hacer silencios que tiene…–. No sé qué decirte, no recuerdo qué estaba diciendo ni a santo de qué. Pero este rato me ha cambiado algo serio. Noto que algo ha hecho «clic» en mi cabeza y que no hay marcha atrás… Estoy encantada aunque un poco triste, la verdad, pero me siento más fuerte, me noto con determinación, ahora sé que saldré de este bache de una manera o de otra... Pero saldré... Eire, ¿no vas a decir nada?

—Sinceramente no sé qué decirte... ¿Necesitas oír algo de mí?

—No...

—¿Hay algo que te hubiera venido bien que te preguntara y no lo he hecho?

—No.

—¿Algo en lo que quieras profundizar más?

—No, la verdad... –Se produce otro silencio en el que nos miramos a los ojos y siento como que siente... ¡casi admiración!–. ¿Por qué me miras así?

—¿Cómo te estoy mirando?

—No sé, así, como si... –No puedo decírselo, creerá que soy una prepotente y engreída...

—¿Cómo si me gustara lo que veo en ti? –dice sonriéndome cálidamente...

—¡Sí!, ¡eso!

—Pues porque me gusta lo que veo... –Ahora sonreímos las dos, ¡me ha gustado el cumplido!

—¡Gracias!

—¡Gracias a ti!

—¿Podríamos dejarlo hoy así? Es que no me apetece hacer un resumen ni ponerme a pensar en todo lo que hemos hablado hoy... Me quiero ir con esta sensación... ¿Te parece bien?

—Sí. Me parece muy buena idea. Si quieres concretamos la siguiente sesión por correo...

—¡Perfecto! –¿Tanto se me nota que no quiero ni mirar la agenda? Nos levantamos, recojo mis cosas, me cierro muy bien el abrigo y nos despedimos sin más palabras en la puerta... Con dos besos, claro... ¡Me gusta esta sensación de que no haga falta hablarnos!

Cuando salgo a la calle, me sacude el viento frío, pero levanto la cara y aquí hay un rayito de sol para mí, y calienta... Me da calor en medio de este frío.

PNL: CALIBRAR Y SINCRONIZAR

- Nuestra representación del mundo se fabrica por medio de la selección de las informaciones que nuestra atención consciente maneja en ese banco de datos que es nuestro sistema sensorial. Esta organización afecta y es afectada por los cinco sentidos que están presentes en la PNL agrupados, visual, auditivo, kinestésico (sensaciones, emociones, sentimientos, olfato, y gusto).
- Según la PNL, aunque nuestros cinco sentidos estén siempre activos, cada uno de nosotros, por costumbre, aprendizaje o bajo el estrés, tiene tendencia a privilegiar un sentido para organizar su representación de los hechos o para comunicar con otras personas.
- El sistema principal de representación de un individuo es aquel al que resulta más sensible, y en el que es más hábil para realizar distinciones más sutiles. En apoyo de esta evidencia, los iniciadores de la PNL han recordado que el vocabulario empleado por cada uno tiene una base sensorial. Por la frecuencia del empleo de ciertas expresiones sensoriales, el lenguaje no verbal y paraverbal (la voz y sus características) es posible descubrir el sistema de representación principal de una persona.
- Cada uno de nosotros utiliza su propio esquema de representaciones diferente del de los demás. De estas diferencias nacen las dificultades para comunicarse y comprenderse. Dos personas, hablando de la misma realidad, intercambian informaciones muy diferentes y conforme a procesos también diferentes.

La PNL propone **calibrar y sincronizar** para coincidir con el otro en su forma de entender el mundo y poder establecer con él una comunicación óptima, es decir, una relación de confianza y de eficacia.

Está científicamente comprobado que, a cada estado interno que vive la persona, corresponden indicadores comportamentales y fisiológicos específicos.

Todo lo que vivimos se traduce, necesariamente, en reacciones externas. Éstas son frecuentemente comportamientos evidentes, más aún, un conjunto de indicadores sutiles, de microcomportamientos, como el movimiento de los ojos, el ladeamiento de la cabeza, las modificaciones del ritmo respiratorio, el tono de la voz o incluso el vigor de los músculos.

Estos microcomportamientos corresponden a un estado interno dado, son estables. Lo que quiere decir que, si los encontramos en la persona observada, nos indicarán con fiabilidad el estado interno correspondiente.

Calibrar es reconocer la configuración de parámetros sensoriales observados en nuestro interlocutor. Observar sin interpretar, para evitar la proyección de nuestro modelo del mundo. Es estudiar con precisión los signos de conducta exterior que traducen el estado interior vivido por la persona.

La calibración nos ayuda a verificar la eficacia de lo que hacemos y el impacto que producimos en el otro.

Ejemplos de calibración:

- Posición del cuerpo
- Movimientos en general
- Respiración
- Lenguaje-estructura y contenido
- Palabras
- Movimientos de los ojos
- Tono y ritmo de la voz...
- Aletas de la nariz
- Comisuras de los labios
- Mentón
- Color de la piel
- Expresiones
- Arrugas
- Inclinación de la cabeza
- Etc.

Mateusz Stachowfki

Sincronizar para mejorar la comunicación, la relación con los otros. Es suficiente demostrar una atención sistemática y, a continuación, de forma suave y flexible, ponerse a «hablar el mismo lenguaje que el otro».

Ocurre de manera natural e inconsciente.

Es un paralelismo, sintonía, espejo o eco.

A las personas les gusta encontrar a otras personas parecidas a ellas. Si observas a dos personas que se lleven bien te darás cuenta de que tienden a igualar sus posturas corporales y su lenguaje.

Cuando existe una buena comunicación en las personas surge naturalmente una especie de mimetismo en la conducta.

Sincronizarse es hacer discretamente lo que el otro hace. Permite establecer rápidamente y mantener la relación con el interlocutor. Para sincronizarse es preciso reflejar de forma discreta y flexible los comportamientos verbales y no verbales del otro.

Si alguien se sincroniza, establece una comunicación analógica que se dirige a nuestro cerebro directamente y que recibimos inconscientemente, y dice «soy como tú».

Philippe Ramakers

ASOCIADO/DISOCIADO (PNL)

ASOCIADO	DISOCIADO
Experimentar total y completamente con todas las emociones subjetivas inherentes a la situación.	Experimentar con distancia interna, con poca o ninguna emoción. Como un observador.
  Beermug	 Peter Szustk

Por ejemplo, en una reunión estamos asociados cuando estamos escuchando empáticamente o participando en una discusión aportando nuestra forma de ver o entender el objeto de la discusión.

En esa misma reunión, podríamos estar disociados aumentando la perspectiva y analizando cómo están reaccionando las distintas personas que están presentes, qué ambiente se ha creado o qué impacto han tenido nuestras aportaciones.

Lo ideal para la PNL es tener la capacidad de variar un estado asociado a un estado disociado y a la inversa según lo requiera la circunstancia. Estar constantemente en un estado o en otro impide obtener distintas informaciones y puede resultar muy limitador en algunas situaciones.

----------Mensaje original----------
De: Vallejo O'Connor, Eire [mailto: eire@estoescoaching.es]
Enviado el: lunes, 18 de febrero, 10:03
Para: Patricia
Asunto: Tras la última sesión

Querida Paty:
Me tienes acostumbrada a mandarme rápidamente tu estupendo «cuaderno de trabajo» y comentarme qué tal la sesión. Como no tengo noticias tuyas estoy un pelín preocupada.
Si andas muy liada, por favor, hazme llegar una frase diciendo que estás bien, ¿vale?
Un beso,
Eire Vallejo O'Connor
ESTO es COACHING
PCC

----------Mensaje original----------
De: Cuesta Gómez, Patricia [mailto:paty0099@gmail.com]
Enviado el: lunes, 18 de febrero, 11:57
Para: Eire
Asunto: Re: Tras la última sesión

Querida Eire:
Tienes toda la razón... Te tengo mal acostumbrada... ;)
La verdad es que no he parado de hacer cosas... Mi resumen de la sesión sería que algo dentro de mí ha cambiado, no sé cómo ni por qué exactamente, y ahora me siento más fuerte, más decidida, más dueña de mi vida y última responsable de lo que me pasa o me deja de pasar.
¡Estoy encantada! No sé cómo, pero has hecho lo que en coaching llamamos «dar la responsabilidad al cliente». Me niego a seguir en la queja y la indefensión, llevo estos tres días poniendo «puntos sobre las íes», con mi pareja, con mi familia y sobre todo conmigo misma; pero bien, ya no desde el enfado... Estoy poniendo límites sanos...
¡Muchas gracias! ☺
Besos,
Patricia Cuesta Gómez
Coach profesional ACC por la ICF

----------Mensaje original----------
De: Cuesta Gómez, Patricia [mailto:paty0099@gmail.com]
Enviado el: lunes, 18 de febrero, 21:10
Para: Eire
Asunto: Re: Tras la última sesión

Querida Eire:
Ya tengo acabado el cuaderno de trabajo. Te lo mando. Como ves he investigado mucho de PNL, la calibración, la sincronización y el ejercicio que me hiciste que, si no me equivoco, fue el de disociarme para ganar perspectiva.
Lo de asociarme y disociarme voy a practicarlo de vez en cuando en el día para «ejercitar el músculo».
Lo de calibrar me va bien, creo que ya lo hago la mayor parte del tiempo.
Lo de sincronizar… es lo que me cuesta, no me animo, me da la sensación de que me lo van a notar… ¿Algún consejo?
Por cierto, ¡muchas gracias por preocuparte por si estoy bien! ☺
Besos,
Patricia Cuesta Gómez
Coach profesional ACC por la ICF

----------Mensaje original----------
De: Vallejo O'Connor, Eire [mailto: eire@estoescoaching.es]
Enviado el: lunes, 18 de febrero, 22:53
Para: Patricia
Asunto: Re: Re: Tras la última sesión

Querida Paty:
Ya sé que es tarde pero acabo de ver tus correos… ¡Espero que no te suene el móvil por este correo si estás dormida!…
Para no variar me parecen muy buenos tus apuntes; sólo destacaría una cosa: que las técnicas de PNL surgen de tomar a algunas personas como modelos, pero son cosas que todos hacemos a nivel inconsciente (unos con mayor habilidad que otros, claro). Quiere decir que la mejora en estas técnicas está al alcance de cualquiera.
Como parece que no te animas a sincronizar, te recomiendo que simplemente observes sincronías en las personas. Como en la foto que

pones es el cuaderno de trabajo; allá donde vayas busca los mimetismos en las posturas cuando están dos o más personas juntas y trasmiten sensación de estar a gusto. También puedes observar tu lenguaje verbal y no verbal cuando tú misma estás sintiendo una conversación como agradable… ¿Qué te parece? ¿Te animas?
Un beso,
Eire Vallejo O'Connor
ESTO es COACHING
PCC
Professional Certified Coach
International Coach Federation

----------Mensaje original----------
De: Cuesta Gómez, Patricia [mailto:paty0099@gmail.com]
Enviado el: jueves, 21 de febrero, 20:18
Para: Eire
Asunto: Observaciones

Querida Eire:
Tenías razón, empecé a observar las sincronías en los demás y me he animado a practicarla yo… Con cuidado y sólo cuando me apetecía y con personas de confianza y la verdad es que he tenido muy buenas experiencias…
He escrito la carta de perdón… He tenido que asociarme y disociarme varias veces para poder terminarla. Me ha parecido el ejercicio más fuerte de todos… Ufff, no te imaginas lo que me ha costado. He decidido no enseñársela porque aunque al final acaba siendo casi del todo cierta, no creo que se lo merezca… Espero no parecerte muy mezquina…
Quería pedirte si podemos hacer la próxima sesión por teléfono porque quería hacerla el día 1 y se me han juntado varias cosas y voy a ir mal de tiempo.
¡Ya me dices!
Besos,
Patricia Cuesta Gómez
Coach profesional ACC por la ICF

----------Mensaje original----------
De: Vallejo O'Connor, Eire [mailto: eire@estoescoaching.es]
Enviado el: viernes, 22 de febrero, 10:49
Para: Patricia
Asunto: Re: Observaciones

Paty:
¡¡¡Me encanta recibir buenas noticias tuyas!!!
Por cierto, se me olvidó preguntarte si aún quieres que te haga seguimiento de los momentos de preparación de tus sesiones. Si aún lo quieres, ¿cómo lo llevas?
Me parece muy bien hacer la próxima sesión telefónica, aunque si estás mal de tiempo ese día, podemos hacerla otro. Lo que prefieras, yo el día 1 podría a las 12:30 y a las 14:30 por teléfono, ¿te viene bien alguna de las dos horas?
Te animo a que sigas practicando la sincronización, sobre todo en entornos no comprometidos...
Un beso,
Eire Vallejo O'Connor
ESTO es COACHING
PCC

----------Mensaje original----------
De: Cuesta Gómez, Patricia [mailto:paty0099@gmail.com]
Enviado el: viernes, 22 de febrero, 22:43
Para: Eire
Asunto: Próxima sesión

Eire:
Me anoto el día 1 a las 12:30. Me viene perfecto. Prefiero hacerla en viernes por si me quedo tan tocada como en la otra...
No puedo esperar para comentarte que ayer, en una bronca de hermanos comiendo en casa de mi madre, sincronicé con mi hermana mediana y se calmaron los ánimos en un momentito... Ahora entiendo esos títulos tan rimbombantes que tenían los libros de PNL: *El aprendiz de brujo, La llave mágica, La estructura de la magia...*
Aunque queda una semana, te mando ya la plantilla previa a la sesión. Si hay algún cambio te aviso. Por cierto, realmente ya no necesito ese seguimiento que me preguntas, lo he incorporado a mi rutina, eso y escuchar más música, ¡me viene muy bien!
Besos,
Patricia Cuesta Gómez
Coach profesional ACC por la ICF

PLANTILLA PREVIA A LA 7.ª SESIÓN DE COACHING

1. ¿Qué he conseguido desde la sesión anterior?
   - ✓ He hecho el resumen en mi cuaderno de trabajo sobre las técnicas de PNL.
   - ✓ He observado mucho las sincronías de desconocidos.
   - ✓ He empezado a sincronizarme yo con otros, ¡impresionante!
   - ✓ He practicado asociarme y disociarme varias veces al día.
   - ✓ He empezado a hablar el tema X con mi hermana.
   - ✓ He escrito, al fin, la carta de perdón…
   - ✓ Sigo las clases semanales de Coaching Corporal, el «diario emocional» y sacando momentos de calma, como preparación, antes de las sesiones con mis clientes.

Vivek Chugh

2. ¿Qué me propuse hacer y no hice?
3. ¿Qué quiero trabajar en mi siguiente sesión de coaching?
   - ✓ Me gustaría acabar con el primer objetivo, ahora sí me siento como para…

Capítulo 7
Entrando «al quien»

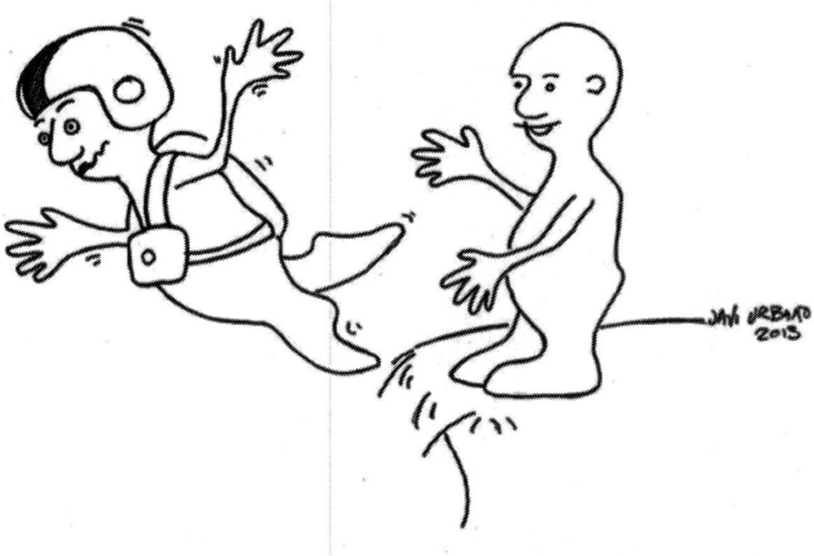

En coaching ayudamos a las personas a lanzarse.

Faltan unos minutos para la sesión pero, cómo no, yo ya estoy toda preparada... ¡Nada que ver con la otra sesión por teléfono! Ahora estoy con un puntito de nervios, ante lo desconocido de la sesión; pero con la sensación de que voy a charlar con una amiga... ¡Realmente nada que ver con las primeras sesiones...! ¡Qué bien! Me sonrío y me permito estar satisfecha por haber bajado mis defensas para dejarme coachear... ¡La cosa pinta bien!

Aquí estoy otra vez desde casa, con mi chándal preferido y mi Coca-Cola... ¡Ay! ¡M...! Acabo de tirarla por la mesa y mi cuaderno de trabajo ¡No! ¡No! ¡M...! Mientras lo limpio llega la hora. ¡Vaya! Marco su número y me contesta en seguida:

—¿Paty?

—Sí, soy yo.

—¿Qué tal estás?

—Me acabo de tirar toda la bebida encima pero bueno...

—¡Vaya!

—¿Tú tienes una infusión al lado?

—No, hoy tengo sólo agua..., ¿y tú?, ¿la Zero? ¿Te ha dado tiempo a limpiarlo? Porque luego se queda todo pegajoso...

—Sí, ya, tengo mucha experiencia en eso...

—Bueno, Paty, ¿cómo estás? ¿Sigues con esa sensación de fuerza que me comentabas?

—Pues sí, incluso más; pero es extraño porque también tengo mis momentos de vulnerabilidad... Me gusta esto de poder estar donde necesito en función de las circunstancias...

—¿Y qué has aprendido o recordado de esto?

—Pues lo que ya pensaba, pero no sentía, que en el fondo todos tenemos todas las características... Que toda la vida intentando ir de fuerte no cambia la debilidad que se puede sentir dentro... Y que supongo que tampoco está mal... Me noto más empática con los clientes que están más en esa línea, gestiono mejor las emociones que se me presentan en las sesiones...

—Paty, éste era uno de los objetivos del principio, ¿no?

—Sí, el objetivo 4: «Saber gestionar adecuadamente las emociones de los clientes, y mis sensaciones de injusticia». Mira, no sé por qué ni cómo pero ahora lo encuentro mucho más sencillo...

—¿El qué?

—Bueno, en general todo, pero me refería a lo de gestionar las emociones de mis clientes... A lo mejor es porque he empezado a trabajar más con las mías, o porque me siento más segura o tengo más confianza en el coaching o..., probablemente sea una mezcla de todo... Y también..., bueno, puede que sobre todo sea porque... porque es como que me he reconciliado un poco con mis características que menos me gustan... –Umm. No puedo evitar un suspiro... No me había dado cuenta hasta ahora que lo verbalizo...–. Pero debe de ser..., bueno, ¡Qué más da! Esto es coaching, no nos detengamos en los porqués... –Me la imagino sonriente, complacida... Yo lo estaría si fuera mi coach...

—Entonces, ¿dónde estás en relación con este objetivo?

—¡Prueba superada! Mira, yo creo que he mejorado muchísimo... Y también creo que sigo mejorando... Y no me preocupa nada... Es como que creo que estoy en el camino... Ya no es un objetivo... –Sonrío. No me apetece mucho hablar... Estoy como reflexiva... Ya me preguntará ella... A mí me encanta esta parte, cuando pones un *check* en el objetivo y sientes que ya está logrado...

¡Ah! Pero tengo que contarle–. Bueno, ya te conté un poco por correo; pero la verdad es que estoy flipando con esto de la PNL... Creo que no había entendido el potencial que tenían las técnicas hasta que las he practicado... Me estoy divirtiendo mucho «jugando a sincronizar» y ya los últimos días lo he probado con los clientes y me parece fantástico porque se genera un clima perfecto para el coaching en un pispás y me parece que los entiendo mejor... Aunque me pasa como con lo anterior... Hemos trabajado muchas cosas a la vez y no estoy segura de qué es lo que está dando resultados; pero sospecho que esto lo he validado independientemente de todo... Bueno, también te digo que no me resulta igual de fácil sincronizarme con todo el mundo con el que lo he intentado... Los más fáciles son los que mejor me caen, también parece, aunque aún no puedo estar segura, que sintonizo mejor con mujeres que con hombres... Y una vez, con un cliente, me pasó que cuando imitaba sutilmente su postura no me sentía cómoda... Y entonces lo intenté dos veces más con idéntico resultado y lo dejé; porque supongo que forzar esto va en contra de su propia esencia, ¿no? Si lo fuerzo y no estoy cómoda, ¿cómo voy a hacer que el otro se sienta cómodo? Suena ridículo... Bueno, parece que me estoy explayando demasiado, ¿no?... Ése es otro efecto secundario de sentirme mejor, estoy más comunicativa... Bueno, ya me callo...

—¿Quieres comentar algo más sobre las técnicas de la PNL?

—No, tengo claro que hay que practicar, no comentar...

—¿Quieres comentarme algo sobre la carta de perdón?

—Que te agradezco mucho la sugerencia, he sufrido mucho haciéndola pero he sido más consciente de mis sentimientos y de cómo me afectan las cosas... ¡Toda una experiencia! Y también lo de asociarme y disociarme me ha parecido muy útil... ¿Sabes? Cuando estoy mal me cuesta mucho más estar asociada a la experiencia...

—¿Y qué conclusión sacas de esto?

—Que he debido de sufrir en mi vida más de lo que me gusta reconocer; porque tengo muy desarrollada la disociación como mecanismo de defensa, ¿sabes? Como Escarlata O'Hara en *Lo que el viento se llevó* con la maravillosa frase de «ya lo pensaré mañana...»... Pero claro, esto también tiene un coste, y con este proceso me he dado cuenta de que he abusado demasiado de hacer el avestruz y me está pasando factura... Bueno, ya, no quiero enrollarme tanto que perdemos la hora... No me reformules, es sólo una forma de hablar...

Ja, ja, ja, estallamos las dos en carcajadas, yo estoy contenta y a ella se le nota contenta también... aunque no sé cómo lo noto... No sé... Será por la voz...

—Bueno, Paty, ¿hay algo concreto sobre lo que quieras trabajar hoy?

—Eh... Sí, bueno, lo que te puse en la plantilla previa... Lo de acabar el primer objetivo.

—Paty, es mejor que me mandes esa plantilla cuando la sesión esté más cerca, porque pueden pasarte otras cosas y cambiar tus objetivos... Aunque parece que no es el caso... ¿Cómo sería para ti acabar el primer objetivo?

¡Tiene toda la razón! ¡Parezco nueva otra vez! Lo que pasó es que tenía ganas de quitármelo todo de encima y... Bueno, eso ya no importa... Vamos a por el objetivo 1... Mira que lo he pensado pero lo sigo pensando; yo no quiero parecer pesada pero creo que aún queda tema en el primer objetivo, el sentirme segura, competente y eficaz en mi trabajo... Al menos yo lo trabajaría más, pero realmente no sé si lo que tengo que trabajar es a través del coaching o es más un trabajo personal...

—Pues mira, podemos retomar el primero y si vemos que no, que no avanza la cosa, podemos ir a otro, al de las oportunidades que no aprovecho, por ejemplo... ¿Te parece?

—¿A qué te refieres con «ver que no»?

—No sé, a que a lo mejor no llegamos a buen puerto...

—¡Ah! Entonces ¿no confías en el coaching?...

—No, ja, ja, ja, en realidad puedo fallar en algo de esto; pero mi duda es si todavía podemos trabajarlo más... O si debería trabajarlo de otra manera… –¿Como qué? ¿Hacer una terapia? No, por Dios, no me apetece…–. Bueno, a ver, ya vimos que mi grado de confianza, profesionalmente hablando, ha bajado en los últimos tiempos, y ya lo hemos trabajado pero, si te parece bien, ahondamos más…

—Bien, ¿la formulación del objetivo ha variado?

—No, sigue siendo igual «sentirme segura, profesionalmente hablando, competente y eficaz».

—¿Qué significan para ti estas palabras: segura, competente, eficaz?

—Pues «segura» es con confianza en mí misma… En que lo puedo hacer bien, en que lo voy a hacer bien… En que… en que voy a estar competente y eficaz… Ja, ja, ja… Vamos, que «segura» sería la palabra que lo engloba todo y «competente y eficaz» serían dos facetas de estar segura, si yo me siento competente y eficaz me siento segura… No sé si me explico…

—Sí… Busquemos cómo replantearlo… Por ejemplo: si tú ahora mismo ya te sintieras segura, competente y eficaz, ¿en qué lo notarías?

—¡Ves! ¡Pues en divertirme con mi trabajo!… En divertirme y no tener agobios antes de las sesiones, en no agobiarme sobre todo… Y… Es una manera de ir… O sea, tú te levantas un día y dices: «¡Tengo trabajo! ¡Me apetece! ¿Sabes?». O te despiertas y dices: «¡Ay, tengo trabajo! ¡A ver qué tal!». Es como… como una motivación, como que tienes ganas o no tienes ganas…

—¿Esa motivación para ti es tener ganas todos los días?

—Bueno, todos los días a lo mejor es mucho –es fácil decirlo porque no me ve…, mi cara dice otra cosa… Pero bueno, ¿a quién quiero engañar?… Seré realista–. Pero… en general sí.

—¿Y qué es en general? ¿Cuántos días tendrías ganas y cuantos días sería normal no tener ganas?

—¡Vaya preguntita! Ja, ja, ja, ja. ¡Vaya preguntita! –Desde luego parece que me ha leído la cara…

—La pregunta es sobre lo que tú crees que estaría bien sentir…

—Ya, pero... es que aquí se mezcla el tema de mi estado de ánimo en general, ¿no?... Sí, claro... Lo que yo consideraría normal no lo sé... Lo que yo quiero es que cambie mi estado de ánimo en general para que así cambie mi motivación...

—¿Y qué porcentaje pondrías?

—El 80/20 que es lo típico ¿no? Ji, ji, ji.

—¿Cuáles serían los buenos, el 80 por 100 o el 20 por 100?

—¡Hombre, pues el 80 por 100! ¡Claro! –Esta pregunta me sobra por mucho coaching que sea... ¿Cómo voy a ponerme 80 por 100 de los días malos? Sería masoquista...–. Y 20 por 100 los malos... Pero tampoco muy malos, ¿eh? Un poquito malos...

—¿Y los malos? ¿O malos no hay que tener ninguno?

—Malos... Malos malísimos... Puedo tenerlos pero no en el trabajo...

—Pero estamos hablando de días, ¿no?

—Sí, pero bueno, ahí también es cuestión de usar herramientas para generarme un estado lo suficientemente bueno, como para que no sea malo malísimo cuando voy a trabajar... Como lo del ancla. Aunque luego después de trabajar, el día sea malísimo...

—Entonces, para días malos de verdad, ¿no te dejas ninguno...?

—No, en cuestiones de trabajo no... Por muy malo que sea el día no quiero que me afecte profesionalmente... Ya sabes que la evasión es uno de mis puntos fuertes...

—Si te entiendo bien, no quieres trabajar un estado de ánimo en general, sino que quieres trabajar que te funcionen una serie de herramientas para estar bien, cuando ese estado de ánimo esté por debajo de lo que tú consideras normal...

—Las dos cosas... Sí, las dos cosas... O sea, en el 80 por 100 de los días estar bien y en el 20 por 100 de los días que pueda estar mal o muy mal, a la hora de trabajar, estar lo suficientemente regular como para poder trabajar sintiéndome segura, competente y eficaz... Y ahí sí que aparecerían las herramientas... Sería como diferenciar: que estoy bien de estado de ánimo, ¡maravilloso!; que no, pues aplico herramientas o hago alguna cosa para, al menos durante el tiempo que me ocupan las sesiones de coaching, que eso no me afecte…

—Paty, hasta ahora, en los días que no estás bien, ¿qué te está pasando en tu trabajo?

—Pues me está pasando que… Pues eso…, que no lo afronto con ganas… Que… que pienso, «Bien, voy a trabajar, voy a ganar dinero» pero no es… esa sensación que yo tenía antes de reto, de disfrute, de… Mira, es como los exámenes, ¿vale? Tú puedes ir a un examen muerta de miedo y vomitando… y chillando… y… Yo me acuerdo cuando era pequeña que gritaba por la ventana para descargar la tensión… ¿Sabes? Y preocupada… Yo iba preocupada… Y cuando acabé la carrera, recuerdo que iba a los exámenes andando como John Travolta en *Grease*…, ¿sabes?… Con una chulería estupenda, y con ganas de enfrentarme al reto del examen… Iba deseando probarme a mí misma todo lo que sabía… ¿Sabes lo que te digo? –Creo oírle decir un «Ujum» pero yo estoy lanzada con mi tema…–. Entonces, si yo afrontaba así los exámenes…, ¿cómo es posible que afronte las sesiones de coaching con ansiedad?… Es que claro, al principio yo no afrontaba las sesiones de coaching con ansiedad… Ahora sí, pero antes no… Entonces lo que quiero es levantarme por la mañana y pensar: «¡Hoy tengo coaching con X, Y y Z!», y tener esa sensación de John Travolta andando todo chulo… Todo chulo porque va a hacer una sesión de p… madre, que le va a servir que te c… al cliente y que se va a sentir «el rey del mambo» cuando acabe la sesión… Ésa es la sensación que quiero… Eso es lo que quiero el 80 por 100 de los días… ¿Te parece mucho?, ja, ja, ja.

—No se trata de lo que me parezca a mí, sino a ti…

—Ja, ja, ja, puede ser mucho; pero es lo que quiero…

—¿Al principio era así el coaching?

—Pues sí. Era así, era como un reto… Mira, me acuerdo el primer coachee que me dieron en la escuela, bueno, la verdad es que yo, como iba con mi mentora o supervisora, pues no me preocupaba mucho porque decía: «Bueno, si meto la pata ya me rescatará ella», ¡aunque luego ella no abría la boca!... Pero... pero me lo tomaba como un reto en el sentido mejor de la palabra... Un punto de activación pero no de nervio ni de ansiedad ni de preocupación... ¿No?... Es como... ¡Ay qué bien!... Además a mí, como iba un poco de «sobradita», me dejaron, yo creo, el tema más complicado... Pero la sensación era de... La sensación de «yo puedo hacer esto» y... Mira, puede ser un ejemplo tonto pero es como cuando coges un puzle, ¿vale? Tú coges un puzle y tienes la excitación de ver cómo es, ver cuánto tardas en hacerlo, cómo lo haces... y entonces te metes en la tarea como con ganas de hacer el puzle... O te ponen un puzle por delante y te dicen: «Tienes que hacerlo», y tú dices: «¡Ay! ¡Es que a mí esto de los puzles...! ¿Y si hoy no se me da bien hacer el puzle?... ¿Sabes lo que te digo? Eso es lo que ha cambiado... Entonces antes me apetecía hacer puzles y ahora no me apetece hacerlos... Eso no quiere decir que no los haga o que no los haga bien, sino que simplemente no me apetece...

—Comentabas antes que estabas más relajada porque estaba tu mentora...

—Ya, pero luego cuando no estaba la mentora, también estaba relajada, mi sensación seguía siendo la misma, tenía confianza en mí... Confianza en mí, en la herramienta del coaching, en mis recursos en..., no sé..., en mis habilidades... En lo que sea... Pero no era sólo cuando estaba ahí la profesora...

—Esta racha de confianza me comentaste en otra sesión que te duró como dos o tres años...

—Sí, confiada y disfrutando... He disfrutado de todo lo que hacía... Y luego... el tema X.

—Cuéntame las consecuencias del tema X...

—¿Las consecuencias del tema X? –Me callo. Silencio. No me apetece entrar ¿debería decirle lo que es? A lo mejor le parece un poco tonto, ¿cómo le va a parecer tonto? ¡No es nada tonto!...–. Bueno, hay una consecuencia genérica que me afecta en todo, y es que estoy desmotivada, un poco apática, un poco desencantada... Si... –Me vuelvo a callar, sólo de mencionarlo de pasada ya me pongo triste y taciturna... Me lo debe de notar porque cambia de registro diciendo:

—Si recuerdas ahora esa parte en la que disfrutabas..., ¿cómo lo llevabas cuando tenías días malos?

—Ja, ja, ja –no puedo evitar reírme, es verdad que estábamos hablando de los días malos pero ya me había ido...–. ¡Vaya!, es que ahí no recuerdo días malos... Ji, ji, ji. –Realmente me ha sacado muy fácilmente de ese estado... ¿Se habrá dado cuenta?

—¿Significa que no los tenías?

—No, no lo sé, a los mejor sí los tenía pero no los recuerdo...

—¿Y tú qué crees?

—Debía de tenerlos como todo el mundo... Déjame que piense... a ver si me acuerdo de alguno... Sí... Recuerdo... Me estoy acordando ahora mismo de un cliente con el que dudé si podía serle útil..., por ejemplo..., en esa época... Porque me parecía como especialmente difícil, ¿no?... Pero tuve otros incluso más difíciles y no sé por qué éste me generó la duda... Pues mira, a lo mejor era porque yo tenía más afán por ayudarle que a los otros... El «complejo de salvadora» debió de ser... Lo que hice fue no darle importancia y seguir adelante...

—¿Cómo hiciste para no darle importancia?

—Pues como la inseguridad no era lo que dominaba mi vida en ese momento... No era lo habitual en mí... Me dije: «¡Anda!, ¡no me vengas con tonterías!, porque si siempre lo haces bien no sé por qué j... lo vas a hacer mal; y si lo haces mal ya lo arreglarás en la siguiente sesión... ¡Al tajo!», ¿sabes?

—Entonces puedes ver qué frases te funcionaban en ese momento... ¿Una es ¡déjate de tonterías!?

—Claro, que no es como un examen, no es un momento único, es un proceso y no es como esperar a otra convocatoria... Si en alguna de las sesiones no estás brillante pues ya estarás brillante en otras... Y lo que vimos sobre qué hacía realmente buena una sesión... Pero bueno, mirando sólo la parte que a mí me toca... ¿Sabes?, a veces los clientes salen encantados pero yo no le veo la gracia a la sesión...

—¿De esa experiencia qué aprendes?

—Más que aprender, recordar... Lo básico... Que siempre se me olvida: que cada persona es única y es distinta y le sirve lo que le sirve..., y aunque a ti te pueda parecer una tontería para la otra persona puede ser la revelación del siglo... –Silencio–. Mira, también me ha pasado a mí... Hace un par de años una amiga me pidió el favor de que hiciera de cliente para grabar una sesión de coaching que tenía que presentar para supervisión. Era una grabación para su escuela, y yo me plantee un tema muy banal y muy tonto..., ¿no?, y cuando acabamos la sesión yo estaba muy agradecida porque había dado con algunas cosas muy simples, pero que antes no se me habían ocurrido... Cuando paró la grabadora yo seguía diciéndole que me había venido muy bien y me dijo, «Ya puedes parar que ya no estoy grabando, tampoco hace falta que exageres..., lo has exagerado un poco, ¿no?», y le dije: «¡Qué va!». Cuando me preguntó qué me llevaba de la sesión yo le dije la verdad, que estaba encantada con los cuatro truquitos para el día a día que me servían para llevar mejor algunas situaciones cotidianas que me hacían sentir fatal... La tía se pensaba que yo estaba haciendo un poco el paripé para que ella quedara bien con su mentora... Yo le decía que era verdad, que a pesar de ser tonto, simple, sencillo o lo que sea, para mí fue genial, me alegré mucho de hacerle ese favor... Claro, ella se parece a mí, somos un par de perfeccionistas... Me gustaría recordar esto, ¿sabes? Cuando estoy con un cliente delante y pienso que la sesión no está siendo muy allá, necesitaría recordar esto... A lo mejor para él es brutal...

—¿Cuál es el sentimiento?

—Confianza.

—¿Confianza?

—Sí, el confiar en que lo que el cliente necesite, es lo que el cliente va a sacar… Es lo que necesito, más confianza… Porque si no, al final acabo yéndome a la consultoría, como para quedarme tranquila de que se lleven cosas valiosas… Y no tiene sentido; porque lo que hago es proyectarme… Si a mí no me vale donde llegan, pienso que a ellos tampoco… Y les meto con calzador alguna cosita más…

—¿Y al principio cómo estabas de confianza?

—¡Fenomenal! Confiaba un montón… No sé si es el… No, no creo que sea… Confiaba mucho, creo, porque entendí la potencia que tiene el coaching… Que sólo con hacer preguntas buenas, y no tan buenas, sólo con estar ahí para el otro, sin prejuicios, las cosas salen solas…, ¿no? Yo me sentía en confianza, quizá un poco subidita, «que buena soy»; pero vamos, en general confiaba en que la herramienta funciona y confiaba en mí; pero sobre todo confiaba en el coaching…

—¿Y ahora no confías en el coaching?

—Bueno, sí. Si no no haría coaching, no puedo hacer algo en lo que no creo… No sólo por ser legal, es que además se me nota…, ji, ji, ji. Bueno, que me desvío, confío a nivel teórico en el coaching pero luego no confío en MI coaching…

—Pero antes, has llegado a decir que las cosas salen solas, ¿dónde quedas tú?

—Tú te pones y las cosas salen solas, ¿dónde quedas tú? En ponerte…

—Entonces, ¿es el coaching o eres tú?

—Ujum… No sé, a lo mejor es otra de mis famosas divergencias entre lo que pienso y lo que siento…

—Ponerte ¿lleva acompañado algo más?

—Bueno, a lo mejor el cómo te pones, ¿no?

—No lo sé, dímelo tú.

—Claro. Mira, yo me voy a meter en el mar, y voy pensando: «¡Ay! ¡Qué bien, qué gusto de baño me voy a dar!…». Claro, me meto con una actitud maravillosa y soy feliz… O me meto en el mar pensando: «¡Ay! Va a estar helada, no voy a aguantar un minuto dentro…». ¿Sabes? Meterme me meto, pero me meto de determinada manera… Claro… No es lo mismo.

—¿Y si tú fueras el mar y el mar quisiera que te metieras y tú te metieses? Ya has hecho lo que era necesario, ¿no?, independientemente de todo lo demás.

—Sí, pero lo he hecho de distinta manera…

—¿Y qué? Al mar no le ha importado, el mar quería que te metieras…

—Pero a mí sí.

—Sí, pero al mar no le ha importado.

—A lo mejor al mar no le importa de qué manera te metes… Bueno… Pero a mí sí: porque una manera la disfruto y la otra no…

—¿Entonces es más importante que tú disfrutes que hacer lo que hay que hacer para el otro?

—¡Vaya preguntita! –Ji, ji, ji, no podía ser otra… Hombre, racionalmente…–. No, no es más importante.

—¿Qué es lo importante?

—Es más importante que al otro le sirva, disfrute yo o no disfrute… Eso está claro…

—Pues si eso está claro…

—Sí, eso está claro porque es de lo que se trata… Si al otro no le sirviera, disfrute yo o no lo disfrute, me da lo mismo, no lo consideraría un buen trabajo, no estaría satisfecha, no me recomendarían unos clientes a otros, etc. O sea que está claro que lo más importante es eso. Pero claro, a mí también me importa el disfrutar; porque es que darte un baño en una playa cuando te apetece… ¡ES UN PLACER!

—Sí, pero si el otro es el mar y necesita que te metas y te metes…

—Sí, sí; pero me meto tiritando y me meto con miedo, me meto despacio, y me meto con ganas de salirme…, claro, NO es lo mismo, aunque lo haya hecho, porque claro que lo hago…, pero no es lo mismo, no es lo mismo, ¡es que yo quiero disfrutar del baño…!

—¿Qué es más importante?

—Es más importante que el otro reciba, ¿pero al mar le da igual cómo me meta?… Si es así entonces me vale…

—Si el mar sólo quiere que te metas…

—Si sólo quiere que me meta, le vale…

—Entonces en una sesión de coaching, ¿quién es más importante?

—Bueno, si sólo tengo que meterme aunque dé igual que me meta con frío y sin ganas… Ja, ja, ja. No lo veo tan claro… Pero está claro que en una sesión de coaching lo más importante es mi cliente…

—¿Tu trabajo cuál es?

—Estar para el cliente, claro, pero cómo podemos saber si al cliente le vale que yo me meta con frío y sin ganas… ¡No le puede valer igual! Yo necesitaría que alguien me dijera… No sé, qué tontería… Si es que, ¿sabes lo que pasa?, los clientes ya me dicen que están encantados, que les vale y tal; pero yo no siento que lo haya hecho bien… Entonces ¿necesitaría que alguien me dijera algo? Pues no, porque ya me lo dicen y me da lo mismo… –No sé si estoy desbarrando… Desde luego hoy estoy muy parlanchina…–. ¡Mira! ¡Claro! Es que los clientes no sabían cómo estaba yo antes, cómo hacía coaching antes… Y yo pienso «¡C…! Pues si estando así yo, ellos están encantados…, si llego a estar metiéndome con ganas en el mar ¡FLIPAN!, ¿sabes? Claro, ellos no saben lo que puede dar de sí una sesión de coaching conmigo, pero yo sí lo sé…, ¿sabes lo que te digo? Es como cuando haces una presentación en público y piensas: «¡Bua!, he estado muy mediocre…». A lo mejor a la gente le ha gustado pero la gente no sabe que tú lo puedes hacer mucho mejor…

—Paty, en general ¿tú te quieres fijar en las cosas importantes?

—Claro.

—Entonces, en tu trabajo ¿qué es lo más importante?

—Ya, tengo que decirte que es la satisfacción del cliente… pero no es toda la verdad…

—¡Hombre!… Dime la verdad…

—Bueno, lo prioritario es la satisfacción del cliente; pero justo detrás y muy cerca está la mía... –Hacemos un silencio, no sé cómo suena esto pero... es la verdad, así lo siento...–. A ver, si la satisfacción del cliente a mí me sirviera para sentirme satisfecha, pues sería estupendo... Pero como no me sirve, ¿sabes? El cliente me da un feedback; pero a mí me importa más el feedback que me doy yo... O sea, para esa parte que quiere ser reconocida por otros y demás está bien, se queda tranquila; pero luego está mi parte autoexigente, que quiere dar lo mejor en cada sesión que hago, y ésa también es importante, ¿es más importante la otra? Vale, es más importante el cliente; pero muy cerquita, muy cerquita, está mi propia satisfacción... que también es importante, aunque no tanto...

—¿A qué le estás dando más energía? ¿A tu parte o a la del cliente?

—No sé. –Vaya pregunta...–. Le estoy prestando más atención a mi parte, sobre todo últimamente... Porque... digamos que fue una curva hacia abajo, pero hace como dos años que está muy abajo y que ya no varía... Y es algo que me preocupa...

—¿Crees que prestar más atención a tu parte te está dando buenos resultados?

—No, evidentemente no. Lo que yo quería era entender por qué...

—Ya sabes, Paty, que en el coaching no trabajamos los porqués; trabajamos con lo que hay para ver cómo podemos llegar a donde tú quieres llegar... Tú quieres llegar a más confianza, entonces ESO es lo importante, no el porqué...

—Sí, claro...

—¿Qué puedes hacer distinto a partir de ahora?

—¿Otra cosa? No sé... Poner la atención en la parte del cliente... Es que no... Es que va en contra de mi naturaleza...

—¿Te puedo repetir frases que has dicho hoy?

—¡Claro!

—Me has dicho «Tú te pones y las cosas salen solas», «Lo que el otro necesita es lo que el otro va a sacar»...

—Claro, eso está muy bien... Pero además de saberlo intelectualmente habría que vivirlo, sentirlo...

—¿Y por dónde puedes empezar? –Gran silencio, no tengo ni idea... No sé qué decir... Supongo que un primer paso... Ni idea...–. ¿Estás pensando?

—Es que no se me ocurre nada...

—¿Cuál es el proceso? Primero se piensa, se siente, se hace...

—Ése es el quid de la cuestión, ¿no?, no sé qué hago primero... Quizá primero lo siento, luego lo pienso y luego actúo... Sí...

—Seguro que muchas veces en tu vida has utilizado el «actuar como si» o el pensarlo antes...

—Hombre... Si no me lo creo... podría intentar lo de la autosugestión...

—¿Funciona la autosugestión?

—Bueno, yo hice un curso de control mental y he leído mucho porque soy muy curiosa y sí..., la autosugestión funciona, lo que pasa es que funciona en el medio plazo, no en el corto... Pero puedo probarlo... Puedo repetirme esas frases que has dicho...

—¿Yo? ¡Las has dicho tú! Yo sólo te las he repetido...

—Ja, ja, ja, ¡tienes razón!... Puedo repetirme esas frases para intentar generarme eso... Intelectualmente sí lo creo; pero no lo siento... Pero aunque no lo sienta, el hecho de repetirlas va calando, calando y calando... Es como la gotita que va erosionando la roca pero... poco a poco...

—¿Entonces qué te vendría bien decirte?

—La de «Lo que el otro necesita es lo que va a sacar», a obtener...

—¿Y cómo te vas a acordar de esta frase?

—La estoy anotando...

—¿Hay algo, del ejemplo del mar que has puesto antes, que te pueda ayudar?

—Ummm, no lo había pensado pero puede ser otro anclaje, ¿no?... Imaginarme metiéndome en un mar disfrutando..., el típico mar calentito con el agua trasparente y la arena finita y…, ¡fíjate que estoy sonriendo!

Ja, ja, ja, ja, estallamos las dos en risas. ¡Qué bueno!

—Pues sí, lo voy a unir y… mira, la sensación de meterse en el mar en plan relax también es un poco como dejarse llevar… Te haces el muerto y el mar te lleva donde quiere… Va mucho con la frase…, es como dejarte, que ya te llevaran las olas… La mezcla de la frase de autosugestión y la imagen del mar puede ser muy potente… Porque la imagen sí la siento, aunque la frase no; pero la imagen sí… Entonces si las uno acabaré sintiendo las palabras… Sí. Esto es potente…, ¡me gusta!

—¿Crees que eso de dejarte llevar te aumenta la confianza?

—¡Claro!, es que yo no soy capaz de dejarme llevar si no siento confianza…, entonces voy a actuar «como si»… Y a ver qué pasa…, ¿no?… O sea…, yo no soy capaz de meterme en el mar y dejarme así, si no confío en que voy a estar a salvo y todo va a ir bien, evidentemente… Entonces ésa es una imagen de confianza… Estoy confiando en el mar, estoy confiando en mi grasa corporal que me hace flotar lo suficiente, ja, ja, ja… –Oigo risas –. Estoy confiando en que no hay tiburones, ni ninguna amenaza ni… Cuando yo me meto en un mar y disfruto estoy confiando en que no hay ningún peligro en el mar sino todo lo contrario, hay un disfrute; vamos, que está directamente relacionado con la confianza…

—Entonces ¿el plan de acción cómo lo sientes? ¿Cómo te quedas con este plan de acción?

—¡Ah!, pues muy bien…, ¡me gusta! Porque claro, a medida que te lo iba diciendo me iba imaginando la imagen… Ja, ja, ja… Entonces ahora estoy metida en un mar cristalino del Caribe, maravilloso, calentito… ¡En la gloria!… Ahora mismo me encuentro divinamente…

—Entonces es el momento de preguntarte: ¿qué te llevas de la sesión?

Ja, ja, ja, ja, ja. Ahí ha estado muy graciosa…, ciertamente no puede haber mejor momento…

—Pues me llevo un bañito maravilloso… Estoy muy bien, me llevo dos ideas que juntas creo que van a ser muy útiles y que no sólo van a conectarme con un estado de ánimo, sino que me van a recordar dónde está lo importante, que es lo que me falla, ¿sabes? Que me pongo a trabajar y es como que pierdo la perspectiva de que hay algo más… Algo más allá de ti que también hace que las cosas ocurran… Que las personas somos distintas y que lo que tengo que hacer es enfrentar la situación con confianza en mí y en el método… Eso es lo que me llevo… Que no es poco… Y me llevo una sensación de bienestar estupenda…

—Muy bien, ¿lo dejamos aquí?

—Sí, lo dejamos aquí y así; que estoy flotando… Ya cerramos la próxima sesión por correo, ¿vale?

—Vale, Paty, que sepas que yo también estoy con una sensación estupenda porque me he trasportado contigo a la playa…, ¡gracias!

—¡Gracias a ti! ¡Muchas gracias!

—Un placer, nunca mejor dicho… ¡Que te vaya todo muy bien! ¡Un beso!

—Un beso, chao.

Cuelgo el teléfono y me quedo un rato recreándome en esta sensación… Realmente voy hacia donde quiero…

LA VISUALIZACIÓN

- Ensayo mental o entrenamiento psicológico. Se refiere a la creación o recreación de una experiencia en la mente con el objetivo de servir de ayuda para el cambio o para el refuerzo (según sea el caso) en nuestras actitudes, en nuestra forma de actuar y en nuestro sistema de creencias.
- ¿Cuándo ha sido la última vez que te has sentido... pleno/feliz? ¿Cómo era? ¿Cómo era tu cara? ¿Y tu cuerpo? ¿Quién había? ¿Qué sonidos? ¿Olores? ¿Sabores? ¿Qué sentimiento tenías?... Desde ahí, ¿qué te dirías ahora?

T. Al Nakib

- Uno de los avances en la utilización de nuestra capacidad cerebral es el uso de las imágenes mentales, que atañe tanto al cerebro límbico como al cortical. Las imágenes mentales no son extrañas al hombre, las ha utilizado desde sus orígenes, a veces plasmándolas en soportes físicos (por ejemplo el arte rupestre).
- Se puede definir una imagen mental como una representación de una escena en nuestra mente, que puede recoger un momento (imagen estática), como una foto, o una sucesión de momentos (imágenes dinámicas), como una película.
- El inconsciente no distingue entre la imagen que realmente ha visto y una que ha creado la imaginación. De esta forma se pueden acumular experiencias de éxito en la imaginación provocando una sensación de seguridad al igual que si se hubieran vivenciado esas experiencias.

LA AUTOSUGESTIÓN

- La autosugestión es un proceso mediante el cual un individuo autoalecciona a su subconsciente para llegar a creer algo, o fijar determinadas asociaciones mentales, generalmente con un propósito específico.
- Cuando es con un propósito específico, puede llevarse a cabo a través de métodos de autohipnosis o autoafirmaciones constantes y repetitivas, y puede ser visto como una forma de lavado de cerebro autoinducido. El éxito está correlacionado con la persistencia de su uso y su duración temporal. La autosugestión también se puede considerar como una especie de rezo, autoexhortación, meditación, palabras de ánimo que el individuo se da a sí mismo, u otras actividades análogas...
- La autosugestión se lleva a cabo generalmente bombardeando la mente de uno mismo con pensamientos repetitivos (positivos o negativos) hasta que permanecen en el subconsciente. Los que realizan esta práctica lo hacen típicamente con la esperanza de convertir pensamientos en creencias, e incluso en realidades. Como procedimientos típicos para influenciar la propia mente a través de la autosugestión repetitiva, están: visualizar las manifestaciones de una creencia, afirmarla en voz alta o con la «voz interna».
- Normalmente el término «autosugestión» se refiere a un proceso mental deliberado para conseguir un objetivo, pero también puede referirse a un proceso morboso inintencionado.
  (Wikipedia)

La explicación neurológica de este procedimiento no se conoce del todo (aunque ya se formulan hipótesis plausibles), pero su eficacia se ha constatado y está por ahora perfectamente reconocida. Se cuenta con numerosos ejemplos como pueden ser los que nos han proporcionado los deportistas de alto nivel antes de abordar una competición.

Sarita P

----------Mensaje original----------
De: Cuesta Gómez, Patricia [mailto:paty0099@gmail.com]
Enviado el: martes, 05 de marzo, 12:13
Para: Eire
Asunto: Cuaderno de trabajo

Querida Eire:
Me gustó mucho la sesión del otro día..., ¡gracias!
He estado pensando y creo que he ido demasiado rápido en todo esto que estoy trabajando... No pienses que no estoy contenta..., ¡estoy encantada! Es sólo que he pensado que puede ser bueno para mí alargar un poco el tiempo entre sesiones (esta vez). Me pide el cuerpo un poco de calma para consolidar lo que he ido descubriendo..., ¿te parece bien?
Por cierto, te adjunto el cuaderno de trabajo... Por si quieres comentarme o completarme algo...
Besos,
Patricia Cuesta Gómez
Coach profesional ACC por la ICF

----------Mensaje original----------
De: Vallejo O'Connor, Eire [mailto: eire@estoescoaching.es]
Enviado el: martes, 05 de marzo, 20:40
Para: Patricia
Asunto: Re: Cuaderno de trabajo

Querida Paty:
Como siempre tu cuaderno de trabajo me parece muy bueno. Respecto al funcionamiento del cerebro, como parece que te interesa profundizar en ello, me gustaría proponerte un libro que explica, científicamente, la capacidad de la sugestión, la visualización y la escenificación del logro de un objetivo. Pero lo dejamos para la última sesión, ¿vale?
Creo que tienes razón y que te viene muy bien un tiempo de consolidación de todo lo que has avanzado. Me parece perfecto que nos veamos cuando tú quieras. Eso sí, mi agenda se está complicando por momentos y me gustaría que nos reserváramos la hora de la siguiente sesión. Si un par de días antes prefieres dejarla para más tarde, no me importa que la anulemos; pero prefiero reservarla ya, para que luego no me vea sin disponibilidad para verte cuando tú quieras. ¿Te parece bien? ¿Qué día querrías y a qué hora?
Un beso,
Eire Vallejo O'Connor
ESTO es COACHING
PCC
Professional Certified Coach
International Coach Federation

----------Mensaje original----------
De: Cuesta Gómez, Patricia [mailto:paty0099@gmail.com]
Enviado el: miércoles, 06 de marzo, 12:13
Para: Eire
Asunto: Re: Re: Cuaderno de trabajo

Querida Eire:
Me anoto en mi «libreta de temas pendientes contigo» lo del libro ese del cerebro..., ¡qué intriga!... Pero reconozco que si me lo dices ahora me lanzaré a por él, lo compraré, empezaré a leerlo, me engancharé y no tendré el tiempo que quiero para «reposarlo» todo... Así que prefiero que no me digas el título para no «caer en la tentación»...
La próxima sesión a mí me vendría bien el miércoles 20 como a las 12:30. Me lo reservo si no me dices lo contrario.
Besos,
Patricia Cuesta Gómez
Coach profesional ACC por la ICF

----------Mensaje original----------
De: Cuesta Gómez, Patricia [mailto:paty0099@gmail.com]
Enviado el: martes, 19 de marzo, 10:53
Para: Eire
Asunto: Plantilla previa a la sesión de mañana

Buenos días, Eire:
Aquí te mando la plantilla previa a la sesión de mañana... Dado que es la penúltima, me da un poco de pena pensarlo y me cuesta mucho ver qué quiero trabajar, la verdad...
Bueno, en todo caso mañana lo vemos... ¡Tengo muchas ganas!
Besos,
Patricia Cuesta Gómez
Coach profesional ACC por la ICF

PLANTILLA PREVIA A LA 8.ª SESIÓN DE COACHING

1. ¿Qué he conseguido desde la sesión anterior?
   - ✓ He hecho el resumen en mi cuaderno de trabajo sobre la autosugestión y la visualización.
   - ✓ He empezado a incorporar la sensación de ir a darme un baño agradable en la preparación de las sesiones. Confieso que no siempre lo consigo... Aunque cada vez más...
   - ✓ Cada vez que me acuerdo me autosugestiono con «mi frase», normalmente antes de las sesiones, pero a veces he necesitado repetírmelo en medio de alguna...
   - ✓ Siento que he consolidado todo lo que hemos trabajado. Estoy contenta ☺
   - ✓ Sigo las clases semanales de Coaching Corporal, el «diario emocional» y sacando momentos de calma, como preparación, antes de las sesiones con mis clientes.
   - ✓ También sigo calibrando y sincronizado dentro y fuera del trabajo (y flipando con los resultados) y disociándome a propósito en momentos duros, emocionalmente hablando.

Sean Carpenter

2. ¿Qué me propuse hacer y no hice?
3. ¿Qué quiero trabajar en mi siguiente sesión de coaching?
   - ✓ Me gustaría estar segura de haber acabado con el primer objetivo, parece que es lo esencial y que todos los demás dependen de esto...

Capítulo 8
Diálogo interno

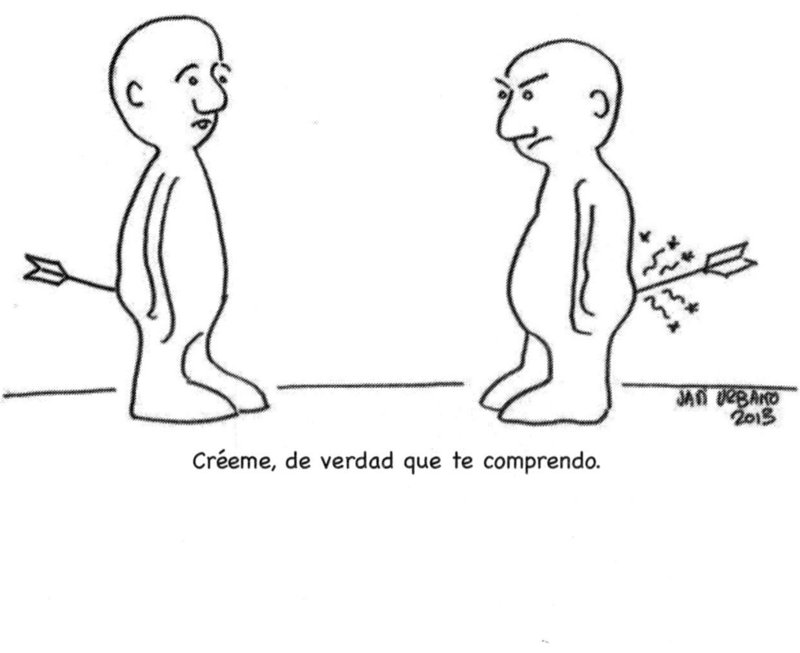

Créeme, de verdad que te comprendo.

Hoy me siento muy distinta llegando a ver a Eire, no tiene sentido pero me siento hasta más alta, ji, ji, ji. He observado un cambio en el gesto de mi cara, ahora es más amigable... Todo va sobre ruedas... Bueno, no todo, pero sí he recuperado un poco más el disfrute en el trabajo...

Llamo al timbre y me abre en seguida con una amplia sonrisa.

—¡Hola, Paty! –me saluda como de costumbre y me da dos besos mientras me sonríe y pone una mano en mi brazo izquierdo...–. Pasa, ¿qué tal estás? –Paso toda contenta y expectante, pero mientras me quito el abrigo noto algo distinto en su despacho... Como ya me sé el truco (me responde preguntas siempre que no estemos sentadas para trabajar) aprovecho el momento.

—¿Has cambiado algo de la sala?

—No, ¿por qué lo dices?

—Pues no lo sé, es que noto algo distinto...–No será que me siento tan distinta que soy capaz de ver cosas distintas... Sólo de pensarlo me acojono... Se gira, me mira y me pregunta:

—¿Algo como qué? –Ahora me mira realmente intrigada, y está claro que es sincera, que no ha cambiado nada...

—Pues... No lo sé, la verdad. –Es como que están las mismas cosas pero se ven distintas... Hago un repaso rápido de lo que recuerdo de otras sesiones... Parece que todo está en su sitio: la mesa, las sillas, los sofás, las alfombras, las plantas y la gran estantería que ocupa toda una pared...–. Creo que me rindo... No se me ocurre qué noto distinto... ¿Puede ser la luz? ¿Has cambiado las luces? –Me mira con cara extrañada unos segundos hasta que veo que empieza a dibujarse una sonrisa en su cara...

—¡Es el sol! ¡Creo que no habías visto mi despacho con sol! ¿Puede ser?

—Sí, tienes razón, por eso notaba la luz distinta... ¡Menos mal que has caído en que está distinto el sol porque ya iba a empezar a pensar si me estaba volviendo loca! Ja, ja, ja –nos reímos las dos hasta que ella me pregunta:

—¿Quieres tomar algo?

—Una Zero, por favor... Con hielo... Por cierto, ¿tú qué infusión sueles tomar?, porque huele realmente bien... –Se ríe, creo que se ha dado cuenta de que me he dado cuenta de que éste es el momento de hacerle preguntas...

—Es té de Navidad. Bueno, se llama así pero éste concretamente no lleva té, lleva rooibos[20] que no tiene teína ni cafeína...

Una vez puestas las bebidas, con servilletitas, claro, no vaya a ser que tire otra bebida ji, ji, ji..., nos sentamos y pone en marcha la grabadora.

—Paty, ¿qué te gustaría trabajar hoy?

—No estoy segura... En la plantilla previa te decía que este tiempo me ha venido muy bien para consolidar los avances, sobre todo los mentales... Realmente he acabado en la acción; pero para mí lo más importante ha sido tomar consciencia de un montón de

---

20. *(Aspalathus linearis)* es el nombre de una planta sudafricana que en el idioma afrikáans significa «arbusto rojo». También se la conoce como té rojo o té rooibos; pero realmente no es la planta del té. El doctor Nortier, médico y botánico, fue la primera persona que se dedicó a su estudio en profundidad, además de contrastar sus propiedades medicinales.

cosas… Yo no siento la necesidad de trabajar más… Pensaba incluso plantearte que dejáramos aquí las sesiones…

—Ya sabes que podemos acabar el coaching cuando tú quieras, sobre todo si ves logrados los objetivos. Sólo necesito que me avises; que me lo digas seguro para trabajar o no el cierre del proceso hoy…

—Mira, no sé si están logrados los objetivos, desde luego todo lo que hemos hecho me ha venido genial para los dos primeros bloques de objetivos, ¿te acuerdas? Era el bloque «yo conmigo» y el bloque «yo con mis clientes». El tercer bloque…, cómo te diría yo…, era el de:

5 Sacar el PCC.
6. Examinar cómo aprovechar las oportunidades.

Y al lado de lo que hemos trabajado, me parece un poco… superficial, la verdad… Quiero decir que no estoy segura de que me merezca la pena dedicar una sesión de coaching a estos objetivos. Ya sé que formaban parte de los objetivos del proceso; pero a día de hoy no lo siento como necesario… No sé si me explico…

—¿Quieres que nos olvidemos de estos dos objetivos?

—Bueno, del primero, vamos, el quinto, seguro que sí, lo de sacar el PCC sigue siendo un objetivo mío pero no veo necesario trabajarlo aquí. Simplemente tengo que ponerme una fecha en la que hacerlo…

—¿Y qué te ha impedido hacerlo hasta ahora?

—Pues todo esto que hemos estado trabajando… El sentirme peor yo, y con mi trabajo, ha hecho que tenga una peor disposición para solicitar el PCC; porque aunque tengo las 750 «horas de vuelo», no me sentía bien con mi profesión y lo he estado retrasando…

—¿Y ahora te sientes bien con tu profesión?

—Sí, siento que me he reconciliado con ello y… también conmigo…

—¿Y ahora que te impide sacar el PCC?

—Nada, por eso te decía que no es ya un objetivo a tener en cuenta en el coaching...

—Sin embargo, aunque nada te lo impide no lo has hecho aún, ¿no?

¡Vaya por Dios! Menos mal que yo no quería trabajarlo...

—No, no lo he hecho aún y no. No hace falta que me preguntes qué necesito para hacerlo porque lo tengo claro, es una decisión. He decidido que mi vida está muy complicada a nivel personal y que voy a poner más energía en esa faceta; bueno, de hecho ya la estoy poniendo... Y, como de momento no me corre prisa, lo voy a dejar para mayo, que espero estar con mis cosas más en orden... Pero no es una maniobra de distracción, es resultado de priorizar, intentando no generarme más estrés del estrictamente necesario... Y con el otro objetivo..., bueno..., ése también lo quiero dejar para mayo...

—¿Para poder sacarte el PCC en mayo necesitas ir haciendo alguna acción ahora?

—Pues sí... –¡Vaya pillada! No, en serio, menos mal que me lo dice porque no lo había pensado pero tiene todo el sentido ir preparándolo poco a poco–. Mira sí. Tengo que ver qué cartas de empresas necesito para justificar las horas... Y si lo dejo para mayo a lo mejor no las consigo todas hasta junio o julio... ¡Gracias! –Saco mi agenda y pongo en un hueco del próximo martes empezar a mirar mi tabla de clientes para ver qué cartas voy a necesitar...–. Me lo voy a tomar con calma pero voy a empezar a moverme, es lo más sensato... Cada semana dedicaré un par de horas a hacer el listado de clientes, las cartas que necesite de empresas y las autorizaciones de clientes particulares... Así cuando llegue mayo sólo tendré que mandarlo por la web de ICF y no tendré que bajar mi actividad una semana para prepararlo todo... Además, ahora que lo pienso, es mejor así, porque una compañera de promoción me ha comentado que va a necesitar coaches para un proyecto en una empresa importante, y tenemos que estar certificados, y yo ya estoy certificada por ICF pero ponerme un nivel ACC en vez de PCC a lo mejor hace que me dé menos clientes... No lo había pensado... ¡Qué bien que hayas entrado en el tema! ¡Muchas gracias! Creo que mi neurona está un poco colapsada...

—Bueno, Paty, pues entonces tengo que preguntarte también si necesitas ir haciendo algo ahora para luego ponerte con el «aprovechar las oportunidades» que señalaste en tu DAFO...

—La verdad es que eso lo tengo menos pensado... Es como que no me cabe todo en la cabeza... Pero, si te parece bien, lo empiezo a pensar ahora...

—Si tú crees que te puede resultar útil...

—Bueno, ¿tienes por ahí mi DAFO? –Se sonríe y busca entre sus papeles, no le cuesta mucho encontrarlo... Constato lo que ya sabía, que cuando imprime algo que yo le mando, lo aprovecha para escribir por detrás los apuntes de las sesiones...–. A ver, mis oportunidades:

- Posibilidad de promoción en internet,
- muchos clientes que reconducen su carrera profesional y buscan coaching,
- difusión en los medios del coaching,
- está de moda.

Ya te dije cuando empezamos a vernos que últimamente tengo menos clientes... y eso se contradice con que está de moda y con que hay muchas personas que quieren reconducir su carrera profesional y necesitan un coach...

—¿Y qué lectura haces de esto?

—Pues que si hay trabajo y a mí no me está llegando, a lo mejor es el momento de empezar alguna acción de *marketing*...

—¿Como por ejemplo?

—Bueno, yo había pensado en aprovechar las oportunidades de promoción en internet, pero la verdad es que no soy muy espabilada con las nuevas tecnologías...

—¿Y qué necesitarías?

—Alguien que me ayude y me dirija y… Bueno, se me está ocurriendo hablar con una amiga de la facultad que está puestísima en estas cosas y decirle que si me echa una mano… Sí. ¡Qué buena idea! Además lo voy a hacer ya porque como suele estar muy liada, tendrá que reservarse algún tiempo para mí… Voy a tantearla la semana que viene…

—¿Y si ella no puede?

—Bueno…, pueda ella o no…, estoy pensando que sería bueno hablar con otros coaches para ver cómo lo están haciendo… Y… de vez en cuando en ICF organizan alguna conferencia sobre cómo venderte como coach, o cursos; ahora no me acuerdo bien… Así que voy a estar atenta y me apuntaré a la próxima conferencia que convoquen… Bueno, voy a ponerlo también en la agenda…

—Se te han ocurrido muchas cosas… ¿Crees que necesitarías ir preparándote con algo más?

—Pues no se me ocurre, la verdad… Pero a lo mejor cuando me ponga con ello me van surgiendo nuevas cosas…

—Entonces ¿quieres seguir profundizando en este objetivo?

—No, yo creo que está bien así, la verdad…

—¿Y a qué quieres dedicar la sesión?

—Pues ése es el tema… Es que no estoy segura… Me gustaría asegurarme de que he trabajado todo lo posible el primer objetivo, vamos, el central, el de la seguridad…

—¿Y cómo puedes estar segura de eso?

—Pues… no sé…, la verdad… Lo he pensado mucho pero no se me ocurre cómo darlo por terminado…

—¿Quién dice que hay que darlo por terminado?

—Yo… –¡Toma chulería!–. No, mira, si tú me dices que ya no podemos trabajarlo más, yo me quedo tranquila y lo doy por terminado…

—Paty, sabes que yo no puedo decirte eso…

—Ya, claro, ¿y quién puede decírmelo? –Se calla. Es evidente que nadie me lo puede decir; pero si yo tampoco sé si está terminado… ¡Esto es un callejón sin salida!

—Paty, ¿qué significa para ti que este objetivo esté terminado?

—Pues que lo hayamos trabajado de todas las maneras posibles en coaching y saber que, con esta herramienta, no se puede llegar más lejos…

—Cuando tú trabajas cualquier tema con un cliente, ¿llegas a tener esa impresión de «terminado»?

—Ummm, no, claro que no, pero es que… Sí, vale, no es realista lo que quiero, siempre se puede profundizar más en los temas…

—¿Y cómo decides hasta dónde profundizar?

—Bueno, normalmente lo decide el cliente o lo decide el número de sesiones que tiene contratadas… Pero realmente yo no lo doy por «terminado» hasta que no veo un movimiento real y efectivo en mi cliente…

—¿Ves un movimiento real y efectivo en ti respecto de este tema?

—Sí, sí claro, por supuesto… Mucho movimiento, totalmente real y muy efectivo…

—¿Entonces?

—Entonces sigo preguntándome si deberíamos trabajarlo más, lo siento. –Me miro las manos… Estoy muy contenta con todo lo que he conseguido pero ciertamente no voy a mentir a Eire, es lo que siento…

—Si te estoy entendiendo bien, hay un indicador que te vale con tus clientes pero no contigo, ¿es así?

—Pues… Sí… Dicho así suena raro; pero es la verdad…

—¿Raro?

—Sí, porque a priori no parece que tenga mucho sentido, debería valernos a todos lo mismo…

—Pero no es así en este caso, ¿no?

—No.

—¿Y qué lectura haces de esto?

—Ufff... Yo qué sé... Bueno, sí qué sé... Creo que es lo de siempre... Soy demasiado autoexigente... Claro, es eso..., ¿cómo no?... He pensado mucho sobre esto últimamente, porque parece que es la raíz común de casi todas mis creencias limitadoras... Esta semana en concreto, lo he estado pensando en relación a esa frase que me recordaste hace un par de sesiones, la que dije al principio de cómo voy a ayudar a un cliente en algo en lo que yo no sé ayudarme a mí misma... ¿Lo recuerdas? –Asiente; pero no dice nada, parece que espera que me lance a ver dónde salgo...–. Mira, he estado pensando en ello porque justo me ha entrado una clienta nueva y, para mi desgracia, trae un tema de inseguridad y falta de confianza... que es justo en lo que estoy yo ahora... Mira, Eire, cuando un cliente me viene a trabajar un tema que yo no tengo resuelto, me bloqueo.

—¿Quieres trabajar esto?

—Sí.

—¿Cómo sería?

—Cualquier tema que un cliente quiera trabajar... Yo lo que quiero es que cuando un cliente venga con un tema no resuelto mío, lo pueda llevar bien... ¿Te acuerdas de mi frase inconsciente? La creencia: «¿Cómo voy a ayudar a un cliente en algo en lo que yo no soy capaz ayudarme a mí misma?». Aunque ya sé que eso iría más en la línea de un consultor, o una terapia...

—¿En qué, por ejemplo?

—La autoexigencia, el afán de perfeccionismo, el llevar mal que el día tenga sólo veinticuatro horas, el ser más humilde, conciliación... Hay varios temas que también son áreas de mejora mías... Lo que quiero es que cuando esto ocurra, no me proyecte en el cliente, o no mezclar mis cosas con las suyas... ¿Me entiendes? Pienso «¡Dios mío! ¿Cómo voy a ayudarle en esto?». Me hace sentir insegura... Sentirme cojonuda haciendo las sesiones, totalmente segura, sin problemas salga el tema que salga... No tener la autoexigencia: disfrutar...

—Dentro de eso, que podría ser una meta, ¿cuál podría ser un primer paso para acercarte? –Me pinta una escalera–. Si fuera una escalera hacia sentirte bien, segura, y estupenda, ¿cuál sería el escalón a trabajar hoy?

—Bueno, ya he subido varios escalones, muchos con tu ayuda y el que me gustaría subir hoy es el que te estoy diciendo: cuando un cliente me plantea un tema con el que yo no estoy contenta de cómo lo tengo resuelto para mí misma…

—Si te he entendido bien eso te produce inseguridad, ¿verdad?

—Sí. Me hace sentir insegura y me dispara el diálogo interno negativo, por ejemplo «¿Cómo c… le voy a ayudar a esto si yo no soy capaz de resolvérmelo a mí misma?».

—Vale, y eso actualmente ¿cuándo y cómo te pasa?

—Cuando un cliente me está planteando uno de esos temas, nada más plantearlo, pienso «¡Oh, Dios mío!», durante la sesión sigo pensando «¡Oh, Dios mío!»; cuando el cliente se va sigo pensando «¡Oh, Dios mío!»; y entre sesiones sigo pensando «¿Cómo c… voy a trabajar esto? ¿Qué c… voy a hacer con esto?». O sea, no es un momentito que lo piense y se acabó… Está durante todo el proceso de coaching y no acaba, no tiene fin… Hasta que se acaba el proceso de coaching o se cambia de tema dentro del proceso… Empieza al formular el objetivo pero no acaba… Es verdad que hay ratos en la sesión que no tengo diálogo interno, que me olvido de mí, pero acaba la sesión y ya estoy «¡Oh, Dios mío! ¿Y esto le habrá servido?».

—Entonces ¿es de manera intermitente?

—Sí, claro, mi cabeza no puede estar todo el rato en esto, entonces no podría trabajar… Pero lo peor, sobre todo, es el día anterior a la sesión y justo antes de la sesión, ésos son los momentos más críticos… Porque luego una vez que estoy ya en sesión digo más o menos «Que sea lo que Dios quiera»… Más o menos, aunque sigo fastidiada con el diálogo interno… Pero antes… estoy: «¡Mañana tengo sesión con esta persona! ¿Qué voy a hacer?». O los momentos antes: «¡Ahora me toca esta sesión! ¡No veo cómo lo voy a hacer! ¿Cómo le va a servir?»...

—¿Te parece que nos centremos en estos dos momentos críticos del día anterior y justo antes de la sesión?

—Sí, claro, éstos son los peores, son los que peor me sientan, los que más inseguridad me provocan... Me generan ansiedad, me ponen nerviosa, me deprimen y me quitan las ganas de trabajar...

—Decías que en la sesión, llegaba un momento que lo superas o se te olvida...

—Yo no siento que lo supero en ningún momento, ¿eh? Si es verdad que como tengo que estar centrada en lo que el cliente me está diciendo... Pues hay momentos en los que no estoy pensando exactamente ¿cómo voy a trabajar esto?... Pero vamos, en cuanto se genera un silencio o el cliente enuncia una creencia que también tengo yo... me asalta... Yo no siento que lo supero; más bien lo sobrellevo...

—¿Podrías concluir que cuando te centras en otra cosa no puedes prestarle atención a eso que te preocupa?

—Sí.

—¿Eso es generalizable a otros aspectos de tu vida?

—Sí, claro, es un mecanismo de defensa fantástico, lo uso mucho en mi vida, habitualmente. Por ejemplo cuando me pongo a leer una novela para no pensar en mis problemas de pareja, o me pongo a ver una película para no pensar en una bronca familiar... Eso lo hago mucho... Me escapo... Centrarme en una cosa para olvidarme de la otra... Lo que pasa es que funciona relativamente, porque sigue ahí y cualquier cosita me lo trae... Pero bueno, si no estoy horrorosamente preocupada con algo suelo conseguir evadirme fácilmente... Pero cuando estoy en una sesión de coaching, debe ser que el no saber cómo afrontar eso me preocupa horrorosamente... Porque todo el rato vuelve, todo el rato vuelve, todo el rato vuelve... Nunca estoy, por ejemplo, veinte minutos seguidos sin que me venga a la cabeza ¿cómo voy a trabajar esto?... Es todo el rato...

—¿Y qué haces cuando te vuelve todo el rato?

—Pues intentar ignorarlo... Y seguir; pero realmente estoy muy fastidiada, mucho y nunca, JAMÁS, he salido contenta, nunca he salido contenta de una sesión de éstas...

—Parece que lo que más te molesta, es que por debajo de ti permanece siempre esa inseguridad, aunque a veces la soluciones centrándote en otras cosas...

—No la soluciono, la ignoro. No es lo mismo...

—Entonces parece que este tema de ignorar no te satisface al cien por cien...

—... Porque sé que el problema permanece y porque sale todo el rato... Porque, mira, es como cuando tienes que hablar en público, puedes estar muy mal al principio, agobiada... Pero yo empiezo a hablar en público y una vez que me meto del todo, no hay ninguna inseguridad... Y no me vienen pensamientos a la cabeza del tipo: ¿lo estaré haciendo bien? ¿Estaré... tocándome la nariz? ¿Y qué hago con las manos?...

—¿Y qué diferencia hay?

—Pues que en la conferencia estoy totalmente volcada y en estas sesiones de coaching no estoy totalmente volcada... Hay una parte de mí que está interfiriendo todo el rato... A lo mejor es la inseguridad porque al principio... No, al principio, cuando empecé a hablar en público, los dos primeros minutos me podía parar a pensar en qué hacía con las manos y esas cosas... Pero en cuanto me metía en un tema, en cuanto me meto en un tema..., como me interesa, me gusta, lo domino... EL CONTROL. Es el control. Porque el control lo tengo yo; porque yo soy la que está hablando... Hay gente a la que le asusta que en una presentación le hagan una pregunta comprometida... A mí no me pasa, confío en mis recursos... Cuando hago una presentación, la presentación la controlo yo... Y cuando estoy con un cliente no sé lo que me va a contestar a las preguntas, no sé lo que va a salir... Esa incertidumbre yo no la tengo en una presentación... La única incertidumbre sería el auditorio; pero con la experiencia no llega a preocuparme más de treinta segundos... Me centro cien por cien en el tema; el tema está bajo mi control y si hay algo que se escapa de mi control tengo herramientas para manejarlo y confío en ello... Entonces no me asalta en ningún momento ninguna idea de inseguridad... De qué va a pasar... De cómo va a quedar... Alguna vez puedo perder el hilo e incluso pregunto en voz alta por dónde iba... Sin problema... Me dejo ser totalmente natural... Aquí no, en el coaching no tengo garantizado el resultado porque no tengo el control; porque es una interacción y ¡es más!, el control lo tiene el cliente... Es él quién decide por dónde quiere ir... Puedes no tener ni idea de por dónde va a salir...

—¿Esta falta de control la ves en este tipo de sesiones o en el coaching en general?

—En el coaching en general... Claro... Y eso me genera una cierta inseguridad pero no lo suficiente como para fastidiarme viva... Eso es sólo en este otro tipo de sesiones...

—Si te he entendido bien, aquí hay dos cosas, esa creencia de cómo ayudar a otro en tus propias áreas de mejora y el hecho de que la propia situación de coaching es un terreno en el que no controlas, y ya no te sientes segura como en otros campos, porque no tienes el control... Parece que llueve sobre mojado...

—Sí, pero no es que llueva, ¡es un chaparrón!... Sobre mojado, es verdad...

—¿Para ti cuál de estas dos cosas sería más efectivo trabajar?

—Lo que me cruje... Bueno, el «mojado» ya lo estoy trabajando en general... Me gustaría ver si puedo avanzar en lo de ayudar a alguien en algo en lo que yo no he conseguido ayudarme...

—¿Qué significa que no has conseguido ayudarte?

—Que no consigo estar a gusto con cómo soluciono yo ese tema.

—¿Podría ser «que tú no eres buena en eso»?

—Sí. –¡M...!

—¿Cómo sería la creencia?

—... Si yo no soy buena en..., por ejemplo..., aceptar que el día tenga veinticuatro horas, cómo voy a ayudar a otro a que acepte que el día tiene sólo veinticuatro horas... Por poner un ejemplo, me vale igual cualquier otro tema mío, la humildad, la hiperexigencia... En general... Si yo no soy capaz de gestionarlo, cómo voy a ayudar a otro a que lo gestione...

—Vamos a dejar esta creencia aquí. Por otro lado, ¿tú crees que en el coaching es posible que un coach, no siendo bueno en algo, pueda ayudar a un coachee?

—Sí, por supuesto... Sí... Lo sé seguro, por experiencia propia también, lo tengo meridiano... Muchas veces me traen temas a los que yo no me he enfrentado... Cuando yo dirigía equipos no me enfrenté a todo tipo de situaciones... Hay áreas de las empresas que no entiendo bien cómo funcionan... Pero como no son áreas de mejora mías y no me preocupan, las trabajo sin ningún problema en absoluto... Mira, tengo un director general que está tocado desde que se murió su padre, mis padres viven, ni me imagino lo que debe de ser... Pero lo puedo trabajar sin ningún problema... Bueno, está claro...

—Entonces ahí hay una contradicción...

—Sí. Yo sé que un coach puede trabajar cualquier cosa... Incluso en ciego como hemos hecho... Y sé que un coach puede trabajar temas en los que no es bueno... Esto es así intelectualmente... Pero para mí, las dos cosas son verdad, lo que yo siento cuando un cliente me presenta un tema de éstos, es la otra creencia...

—Entonces si tú sabes que un coach puede hacer un buen trabajo aunque no sea bueno en el tema concreto a trabajar y crees esto por encima de lo otro (intelectualmente hablado), ¿qué está pasando ahí?...

—Pues... no sé si les afecta a los demás coaches... No lo sé... Nunca lo he hablado... Supongo que a todo el mundo le resultará más difícil abordar ciertos temas si les tocan...

—Bueno, mejor nos centramos en ti...

—Pues yo creo que el problema es la diferencia entre lo que sé, lo que pienso y lo que siento... Porque esto más que una creencia puede ser un sentimiento... de inseguridad...

—¿Qué sentimiento te genera pensar así?

—Me estoy diciendo que no voy a ser capaz... Que no puedo con eso...

—¿Y eso cómo te hace sentir? –¡Vaya preguntita de m...! ¡Cómo c... me voy a sentir!

—Impotente, insegura y poco profesional... Porque un profesional del coaching puede trabajar todo sin problemas y lo tengo clarísimo... Sepa o no sepa... Y trabajar en ciego y como sea...

—¿Y qué podrías hacer?

—No sé lo que podría hacer, lo que intento es recordarme todo esto pero desde luego no es suficiente...

—¿Cómo sabes que no es suficiente?

—Porque lo sigo pasando mal...

—¿Recordártelo sirve para rebajar o quitar esa sensación?

—Las veces que lo he probado, aunque puede ser por mi estado de ánimo general, que lo tiñe un poco todo..., pero desde luego cuando lo he probado, no lo he encontrado muy útil... Aunque quizá si no lo hubiera pensado lo habría pasado fatal, peor...

—¿Tú estás dispuesta a aceptar que puedes hacer un buen trabajo con un coachee aunque trate un tema que tú en tu vida no has superado?

—Intelectualmente sí, claro, por supuesto... Mira, estoy pensando que a lo mejor lo que tengo que hacer en estos casos es recomendar a los clientes otro coach y ya está... Y dejar de marearme y darme cabezazos contra la pared... «Muerto el perro, se acabó la rabia»... Me puedo rendir... Pero es que es curioso, yo no sé a los demás pero a mí me pasa a menudo... Al principio pensé que era mala suerte, luego quise pensar que existe algo superior a mí que me manda estos clientes como acicate para que yo resuelva mis propios temas... Pero ya no sé qué pensar..., la verdad... –Me quedo callada un rato sopesando esta nueva posibilidad de pasar a otro coach los clientes que vengan con un tema «espinoso» para mí–. ...Pero mira, tampoco está el tema como para andar pasando clientes... Si me sobraran... ¡Aunque me sobraran!, me tocaría el orgullo... La verdad, creo que lo llevaría mal porque lo sentiría como un fracaso... Sólo una vez he pasado un cliente a otro coach porque me sentía incapaz...

—¿Me estás diciendo que, como te pasa esto, no puedes prestar un buen servicio al coachee?

—Sí, bueno, o no el mejor...

—¿Te plantea un conflicto ético? ¿Como no estar haciendo lo mejor que tú puedas?

—No, yo, si lo intento, siempre hago lo mejor que puedo; pero no significa que sea lo mejor a lo que puede optar el cliente... A lo mejor es más ético pasarlo...

—Pero es lo mejor que tú puedes hacer, ¿sí?...

—Sí, siempre, o casi siempre..., por eso a lo mejor la solución es quitármelos... Me parece más ético pensar qué es lo mejor para esa persona... Por más que yo dé lo que pueda...

—¿Cómo sería?

—Le diría sinceramente: «Mira, este tema me afecta personalmente como para no ser capaz de trabajarlo de una manera objetiva en el coaching y entonces te voy a pasar con otra persona...».

—¿Eso es una opción? ¿Qué ganarías?

—Pues ganaría la tranquilidad de no pasar todos esos momentos de m... Pero perdería... perdería..., no sé, como mi orgullo profesional..., sería un «no he sido capaz»..., un me rindo..., sería rendirme...

—¿Esta opción te ayudaría a lograr tu objetivo?

—No. Eso sería para otro objetivo... Tener más calma o lo que sea...

—Entonces, si dejamos esta opción a un lado ya que no va en la línea del objetivo, y volvemos al entorno del coaching que, de por sí, es inseguro ya que no tenemos el control y además se añade el ingrediente de que el tema te «toca» personalmente..., ¿qué podrías hacer para intentar conciliar esas dos creencias que tienes?

—Es que... yo... no lo sé, es que llevo años dándole vueltas... ¿Sabes? No es algo que se me acaba de ocurrir..., es que llevo años porque esto me pasa..., pues... te podría decir que desde el principio... Aunque al principio no recuerdo pasarlo tan mal, la verdad... En los últimos años siempre que un cliente plantea un tema así lo paso mal o muy mal... Luego puedo quedar más o menos satisfecha con mi trabajo pero SIEMPRE lo he pasado mal...

—Cuando te encuentras a un coachee así, ¿qué te recuerdas a ti misma?

—Pues que yo no he sido capaz...

—¿Y qué prevalece: el servicio y el contexto del coaching o tu tema?

—Incluso en la época en que me lo planteé de manera positiva, como una posibilidad de una perfecta vía de aprendizaje... No sé qué decirte, otra vez la diferencia entre lo que pienso y lo que siento... Según lo que siento, prevalece mi tema, aunque pienso que es más importante el servicio al cliente...

—¿Y qué aprendes del hecho de que cuando te viene un coachee con un tema de estos haya una voz que te recuerda «por cierto, que tú tienes esto pendiente»?

—Ummm, que soy ¿una autoexigente de m...? ¿Ése es el quid?

—Ujum... Está saliendo otra cosa...

—Está saliendo LA cosa...

—Estamos hablando de lo que pasa en el entorno del coaching pero a lo mejor es algo que te está pasando en general... ¿Puede ser?

—Sí.

—Y que estas ocasiones de coaching te hacen conectarte con tu inseguridad o con recordarte las cosas que no has superado... ¿Qué te hace más daño, ese sentimiento de «no lo he superado» o el «no sé si voy a saber ayudarle»?

—Lo primero, sin duda… Esto nos vuelve a mí y no a las situaciones de coaching.

—Esto cambia la dirección de lo que estamos hablando… ¿Qué te pasa cuando te recuerdas que no eres capaz de superar algo?

—Que me vuelvo una insegura y una ineficaz…

—¿Qué necesitarías? Imagínate una persona maravillosa que es capaz de comprenderlo todo…

—Bajar el nivel de exigencia, de perfeccionismo y aceptarme como soy, aceptar mis debilidades, aceptar mis áreas de mejora… Llevarlas bien, o sea, llevarlas como una parte de mí en evolución y no como una parte no deseada…

—¿Puedes aceptar que en ti hay cosas no resueltas?

—Ufff… Pufff… Ummm… Sííííí. Psa… pufff.

—¿Para ti qué creencia hay debajo?

—Tengo que ser perfecta.

—Porque si no lo eres, ¿qué pasa?

—Que no valgo, que no soy lo que quiero ser… Que no llego a mi expectativa… Que probablemente sea la expectativa que me han inculcado pero en este momento ya es mía… Bueno, me vale no ser perfecta, me vale ser casi perfecta…

—¿Por ejemplo?

—En estar superándolo, en que yo vea… que voy hacia adelante…

—Has nombrado temas de exigencia, humildad, gestionar que el día tiene veinticuatro horas… ¿En estos temas estás en camino?

—En teoría sí…

—¿Todos?

—Sí, los he trabajado muchas veces.

—Entonces estás en camino y ¿te lo puedes tolerar?

—No, no… Sería estar en camino y notar que voy avanzando… ¿En esos temas estoy en camino? Sí, pero ¿Noto que voy avanzando? No; ahora mismo no lo noto así… A veces en mi vida sí que tengo momentos en los que me da la sensación de que he dado un pasito en alguno de estos temas; pero ahora mismo no me noto avances…

—¿Y quién decide si vas avanzando o no?

—Yo.

—¿Y si te equivocas?

—Ummm... –Vaya preguntita... ¡No me equivoco!–. Bueno, también tengo feedback externo... De amigos, de familia... En general..., si yo me miro ahora y hace quince años, ¡he avanzado mucho! ¡Muchísimo! Bueno, en algunos... En el de las veinticuatro horas no he avanzado nada..., es más, nunca he avanzado nada...

—En los que sí has avanzado, admites una evolución pero no te parece suficiente. ¿Es así?

—Sí.

—Entonces, vamos a ver si he entendido bien los requisitos para admitirte como no perfecta: una condición es que tienes que saber que estás en ello; pero además, de la manera que tú consideras que tienes que estar en ello...

—Y viendo frutos... –Ja, ja, ja, ella no se ríe, sólo sonríe; pero yo no puedo evitar la risa porque parece todo tan exagerado puesto así...

—Y viendo frutos... Si las apuntamos en un papel... ¿Cómo va quedando esta lista? –Me las escribe cada una en una línea para remarcarlas mejor, con letra grande, que lo leamos sin esfuerzo, pero a mí sólo me sale la risa...

Ja, ja, ja, ja.

—Ver frutos... ¿Cada cuánto por ejemplo?

—Una o dos veces al año... Ja, ja, ja, ja, por lo menos en los momentos de reflexión típicos, en verano y Navidad... Ja, ja, ja, ja.

—Cuando ya vas viendo esta lista..., a día de hoy..., en sesión de coaching, tú misma has dicho que es un tema de aceptación... ¿Si te miras hacia dentro, puedes decir que te aceptas?

—No.

—Entonces, ¿en qué fase estás?

—¿De ésas del aprendizaje?

—Por ejemplo...

—En la de... conscientemente incompetente.

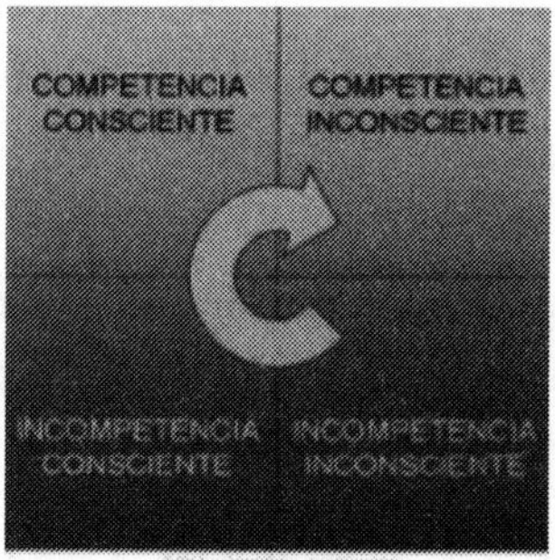

Ciclo del Aprendizaje

—¿Y qué ocurre en esta fase del ciclo de aprendizaje? –No tengo ganas de hablar, me molesta llegar a lo mismo vaya por dónde vaya… Ya me bloqueo… Bueno, claro, es mi tema… Las dos entendemos perfectamente las implicaciones de cada fase, yo creo que esto lo estudia cualquier coach… Ella me lo nota, que no me apetece hablar, me mira compasiva; pero esta vez no me molesta… Y decide contestarse ella sola y yo por dentro le digo ¡gracias!–. En la fase de la consciencia de incompetencia es donde se quedan la mayoría de las personas porque justo aquí es donde se destapan y salen todos los miedos, diálogos internos… Podemos estar años aquí… En esta fase… –Yo sólo asiento–. Está claro dónde estás… ¿No? ¿Qué está pasando?

—Exactamente lo que tú has dicho, estoy ahí PARADA… Bueno, sigo dando pasos de vez en cuando pero…

—¿Qué se necesita en esta fase que es la más crítica? ¿Lo recuerdas?

—No, ¿coaching? Ja, ja, ja, ja.

—¿Si fuera algo que te pueden dar en una dosis? Como con una varita mágica o con una poción…

—Una buena dosis de… ¡confianza!

—Eso es… No sabemos cuánto tiempo vas a estar aquí; pero sí lo que necesitas… Has empleado palabras muy negativas hablando de esto que te pasa… La cuestión es: ¿qué vas a hacer tú con esto que te pasa?

—Retomaré lo de la última sesión, que también acabamos en la confianza... Confianza en mí, en el coaching, en la vida...

—¿Cómo resumirías esto?

—Pues que hemos llegado a cuando sale mi «bruja» interior para echarme la bronca: «¡Qué vergüenza! ¡Aún sigues con esto!».

—¿Y si se lo dijeran a un niño?

—¡Ay! ¡Pobrecito!

—¿Qué sensación te ha venido imaginándote al niño?

—Me he imaginado a un niño... y me ha dado pena.

—¿Qué emoción te ha movido?

—Ummm... ¡Ternura!

—A mí me ha venido otra, si me permites... Te he notado compasión...

—Sí, tienes razón...

—¿Cómo eres de compasiva contigo?

—¡Yo! Pufff ¡NADA! ¡Ni tierna ni compasiva!... Malamente.

—¿Me estás diciendo que donde más te necesitas es donde más te abandonas?

Vale ¡guay! Dicho así quedo c...! ¡Vaya m...! Está claro que mi patrón es éste..., «la cabra tira al monte» y yo tiro a ser una bruja conmigo misma... Esto no parece que vaya a tener un arreglo... No al menos en el coaching... Ella respeta mi silencio, como siempre. Sigo sin ganas de hablar, ya estamos otra vez en el tema, en MI tema... Es verdad que no soy nada tierna conmigo, ni compasiva... Ahora que estoy tan mal es justo eso lo que necesitaría darme... Necesito recuperar fuerzas... Ya tengo consciencia de todo... y no cambia mi «querencia»...[21] Y no puedo esperar que cambie...

—Mira, Eire, yo creo que por aquí ya no hay más que sacar...

—¿A qué te refieres?

---

21. Tendencia o inclinación hacia una persona o cosa, especialmente hacia el lugar en que se ha nacido o en el que se ha vivido mucho tiempo.

—A que es un circuito neuronal totalmente afianzado... No podemos moverlo con coaching...

—¿Estás segura?

—¿Tú no?

—Paty, ya sabes... ¿Estás segura?

—Sí, creo que sí, siempre llegamos a lo mismo...

—Y entonces qué puedes hacer... –Eso mismo me pregunto yo... ¿Qué puedo hacer? ¡Déjame pensarlo! Necesito otro ángulo de visión... Ya sé... Qué le aconsejaría a una amiga que me dice esto...

—«Si la montaña no va a Mahoma, Mahoma va a la montaña». –Me mira y se calla pero pone cara de interrogante, claro, qué bruta...–. Mira, si no puedo mover ese tirón de mi parte «brujilda»; lo que sí puedo hacer es potenciar cada vez más mi parte «tierna y compasiva»... Me refiero a conmigo misma, claro... Aunque ya pensaré otro día si hago lo mismo con los demás... ¿Me explico?

—Creo que sí. Lo que yo he entendido es que te planteas un campo de fuerzas contradictorias y como ves muy difícil quitarle fuerza al vector del «automachaque» has pensado darle más fuerza a su contrario, al vector de la ternura y la compasión contigo misma... ¿Es así?

—Sí, es eso... Aunque queda más chulo cuando tú lo dices... –Sonreímos las dos.

—Es una fantástica idea... ¿Cómo vas a hacerlo?

—Bueno, la verdad es que ya lo estoy haciendo... Casi todos mis planes de mejora de las sesiones que hemos hecho han ido por ahí.

—¿Se te ocurre algo más después de haberlo trabajado hoy?

—Sí, vamos, no; pero creo que podría hacer algo más... Algo más directo... He trabajado la confianza en general y también la confianza antes de una sesión de coaching... Creo que necesitaría algo más directo para cuando sale «mi bruja regañona»... Como un antídoto...

—¿Cuál podría ser ese antídoto?

—Ja, ja, ja, ¡me da hasta vergüenza decírtelo! Pero cuando me automachaco mucho, me permito merendar un dónut de chocolate... Ji, ji, ji, con lo cual además de fastidiarme, engordo... Ja, ja, ja, ¡parezco idiota! Ja, ja, ja. Bueno, ya en serio, un dónut de chocolate es un buen premio pero no es un antídoto, y necesito bajar algún kilo... ¡Ya sé! Cada vez que pare a la bruja y me diga a mí misma algo bonito, compasivo, tierno o motivador me doy un punto y cuando llegue a treinta puntos me compro un dónut... Y si no llego a treinta no hay dónut aunque me muera de ganas... ¿Qué te parece?

—¿Qué te parece a ti?

—Mira, ahora que lo he dicho, me parece muy..., no sé..., como tratarme como a una niña pequeña, pero no veo problema en hacerlo... Al fin y al cabo mi brujilda me bronquea como si fuera una niña pequeña... Y te aseguro que un dónut de chocolate, para mí, es una muy buena motivación... Pero no debería dejarme comer más de uno a la semana; por eso he puesto el número de treinta veces, pero lo iré ajustando como premio semanal... Sí, como los niños... ¿Por qué no?

—¿Y se te ocurre algo más que puedas hacer?

—Ummm... Mira, es que tengo la cabeza como un bombo... Mejor lo pienso con calma...

—Como quieras.

—Por cierto, ¿se te ocurre alguna herramienta?

—Bueno, como te vas a centrar en el diálogo interno, se puede equiparar a una conducta... Te propondría que, si te apetece, hagas un autorregistro.

—¿Un autorregistro? Nunca lo he hecho... ¿Qué hay que hacer?

—Sobre una plantilla que te puedo mandar por *mail,* un excel, por ejemplo, vas anotando cada vez que habla «la brujilda» y cada vez que habla... ¿Cómo llamamos a esta otra parte?

—Ummm ¿«chupi-fresa»? –Ja, ja, ja, ja, ja, ja. Rompemos a reír las dos, ¡qué buena manera de soltar tensión! Es la primera chorrada que se me ha ocurrido pero... Ja, ja, ja, ja, ja... Me gusta... ¡Me la quedo!

—Vale, «la chupi-fresa», ja, ja, ja. Pero si el nombre es por ridiculizarla no nos vale ¿eh?

—No, es por poner algo que me parezca cursi, fresa, y bien, chupi, como diría una niña... Y que me haga reír sólo con pensarlo.

—Bueno, el nombre tú te lo piensas... Yo te mando un ejemplo de autorregistro y tú lo adaptas, cuanto más exhaustivo sea, más información te dará de tu manera de tratarte... Lo ideal es tenerlo siempre contigo para poder anotar en cualquier momento y hacerlo en tres o cuatro días que consideres «normales» para ti.

—Vale, me apetece, es una herramienta muy útil para muchas cosas, ¿no?

—Sí, yo es casi la única que uso... –Y me guiña un ojo, no va a echarme la charla sobre lo que opina de mi afán de herramientas... Aunque ciertamente ha disminuido proporcionalmente al aumento de mi autoconfianza...–. Bueno, Paty, ¿cómo te has sentido en esta sesión?

—De muchas maneras, la verdad..., al principio muy «ejecutora» hablando de planes de futuro... Luego muy desesperada, cuando me he visto otra vez acabando en el mismo tema; pero ahora estoy como con ganas de luchar «contra el lado oscuro de la fuerza»... ¡Mira! Se podría llamar «la jedi» la otra parte... Eso no suena nada peyorativo.

—Bueno, Paty, ya me dirás que nombre decides... El que te inspire más aquello que quieres... Tenemos que dejarlo aquí... ¿Te parece que nos veamos en un par de semanas y hacemos un cierre del proceso y revisamos los temas de «tu libreta verde»?

Asiento con la cabeza, sonriendo, con muchas ganas de someterla a mi interrogatorio... Ajustamos agendas para el día 5 de abril.

Nos levantamos, recojo mis cosas y nos despedimos en la puerta... Con dos besos, claro... ¡Me gusta esta chica, voy a echarla de menos, me da pena terminar!

Cuando bajo a la calle tengo una sensación agridulce... Se me mezcla un principio con dos finales...

AUTORREGISTRO

El «Círculo Vicioso» es la relación que indica que ante una situación, nuestra reacción psicológica consistirá en una relación entre nuestros pensamientos automáticos, nuestro estado emocional y nuestra conducta, de modo que cada componente afectará y se verá afectado por los otros dos. Se puede analizar cualquier problema o conducta o pensamiento utilizando una HOJA DE AUTORREGISTRO. Esta hoja nos permitirá observar nuestras propias reacciones ante determinadas situaciones problemáticas, y posteriormente nos ayudará a modificar lo que necesitemos.

Ejemplo: Cuando experimentes una emoción desagradable, anota la situación que parece disparar dicha emoción. (Si la emoción ocurre mientras estabas pensando, recordando o imaginando algo, etc., anota esa circunstancia especifica). Luego, anota el pensamiento automático asociado a esa emoción. Posteriormente evalúa el grado de seguridad que tienes en esos pensamientos (1 por 100 = Nada seguro. Hasta 100 por 100 = Completamente seguro). Evalúa también el grado o intensidad de cada emoción (1 por 100 = Casi nada intensa... Hasta... 100 por 100 = Lo más intensa posible). Por último describe cómo actuaste en esa situación (lo que hiciste o dijiste) y el resultado de ésta (si te ayudó o empeoró y cómo reaccionaron los otros, si había otras personas, a tu conducta).

No es siempre necesario cumplimentar el autorregistro de manera lineal, de izquierda a derecha. Se puede comenzar por cualquiera de las casillas, dependiendo de cuál sea el más inmediato a nuestra consciencia.

Situación	Estado emocional (0-100)	Pensamiento automático (0-100)	Conducta y resultado	Otras interpretaciones	Nuevas consecuencias
Voy por la calle, veo a un conocido que no me saluda.	Rabia (60)	Es un engreído que no me quiere hablar porque no me considera interesante (80).	No le digo nada. El disgusto me dura 10 minutos.	• Quizás iba despistado (85). • Casi siempre me saluda, no me habrá visto (90). • Últimamente le veo preocupado (80).	• Tranquilo (95). • Tranquilo (100). • Tranquilo por mí (100), algo preocupado por él (40). Hablaré con él.

Cuaderno de Trabajo

Las situaciones pueden ser internas, como determinados recuerdos de acontecimientos, determinadas imágenes o incluso nuestra corriente de pensamiento. El principal criterio es el que cumplen el papel de suceso que parece disparar el malestar.

Jenny W.

Cuaderno de Trabajo

LA SUERTE

Ajjnabeee

Un granjero vivía en una pequeña y pobre aldea, sus paisanos le consideraban afortunado porque tenía un caballo que utilizaba para labrar y trasportar la cosecha. Pero un día el caballo se escapó. La noticia corrió pronto por el pueblo, de manera que al llegar la noche los vecinos fueron a consolarle por aquella grave pérdida. Todos le decía: «¡Qué mala suerte has tenido!».

La respuesta del granjero fue un sencillo:

«Puede ser».

Pocos días después, el caballo regresó trayendo consigo dos yeguas salvajes que había encontrado en las montañas. Enterados los aldeanos acudieron de nuevo, esta vez a darle la enhorabuena y comentarle su buena suerte, a lo que él volvió a contestar:

«Puede ser».

Al día siguiente, el hijo del granjero trató de domar a una de las yeguas, pero ésta lo arrojó al suelo y el joven se rompió una pierna. Los vecinos visitaron al herido y lamentaron su mala suerte, pero el padre respondió otra vez:

«Puede ser».

Una semana más tarde aparecieron en el pueblo los oficiales de reclutamiento para llevarse a los jóvenes al Ejército. El hijo del granjero fue rechazado por tener rota la pierna. Al atardecer, los aldeanos que habían despedido a sus hijos se reunieron en la taberna y comentaron la buena estrella del granjero, más éste, como podemos imaginar, contesto nuevamente:

«Puede ser».

Cuento taoísta

Cuaderno de Trabajo

EL ELEFANTE ENCADENADO

Cuando yo era pequeño me encantaban los circos, y lo que más me gustaba de los circos eran los animales. Me llamaba especialmente la atención el elefante, que, como más tarde supe, era también el animal preferido por otros niños.

Sarah Young

Durante la función, la enorme bestia hacía gala de un peso, un tamaño y una fuerza descomunales... Pero después de su actuación y hasta poco antes de volver al escenario, el elefante siempre permanecía atado a una pequeña estaca clavada en el suelo con una cadena que aprisionaba sus patas. Sin embargo, la estaca era sólo un minúsculo pedazo de madera apenas enterrado unos centímetros en el suelo. Y, aunque la cadena era gruesa y poderosa, me parecía obvio que un animal capaz de arrancar un árbol de cuajo con su fuerza, podría liberarse con facilidad de la estaca y huir. El misterio sigue pareciéndome evidente: ¿qué lo sujeta entonces? ¿Por qué no huye?

Cuando tenía cinco o seis años, yo todavía confiaba en la sabiduría de los mayores. Pregunté entonces a un maestro, un padre o un tío por el misterio del elefante. Alguno de ellos me explicó que el elefante no se escapaba porque estaba amaestrado.

Hice entonces la pregunta obvia: «Si está amaestrado, ¿por qué lo encadenan?».

No recuerdo haber recibido ninguna respuesta coherente. Con el tiempo, olvidé el misterio del elefante y la estaca, y sólo lo recordaba cuando me encontraba con otros que también se habían hecho esa pregunta alguna vez.

Hace algunos años, descubrí que, por suerte para mí, alguien había sido lo suficientemente sabio como para encontrar la respuesta:

El elefante del circo no escapa porque ha estado atado a una estaca parecida desde que era muy, muy pequeño.

Cerré los ojos e imaginé al indefenso elefante recién nacido sujeto a la estaca. Estoy seguro de que, en aquel momento, el elefantito empujó, tiró y sudó tratando de soltarse. Y, a pesar de sus esfuerzos, no lo consiguió, porque aquella estaca era demasiado dura para él. Imaginé que se dormía agotado y que al día siguiente lo volvía a intentar, y al otro día, y al otro...

Hasta que, un día, un día terrible para su historia, el animal aceptó su impotencia y se resignó a su destino. Ese elefante enorme y poderoso que vemos en el circo no escapa porque, pobre, cree que no puede. Tiene grabado el recuerdo de la impotencia que sintió poco después de nacer. Lo peor es que jamás se ha vuelto a cuestionar seriamente ese recuerdo. Jamás, jamás intentó volver a poner a prueba su fuerza.

(De la imaginación del autor: Jorge Bucay)

----------Mensaje original----------
De: Vallejo O'Connor, Eire [mailto: eire@estoescoaching.es]
Enviado el: miércoles, 20 marzo, 15:10
Para: Patricia
Asunto: Autorregistro y cuentos

Querida Paty:
Tal como hemos quedado, te adjunto un ejemplo de autorregistro para que tú lo adaptes a lo que quieres observarte. ¡Mucho ánimo con ello!
Puede parecerte pesado; pero luego verás que te alegras de haberlo hecho por la cantidad de información que obtendrás sobre ti.
Ya que estoy, te mando también un par de cuentos que me gustan mucho por si no los conoces y te sirven de inspiración.
Un beso,
Eire Vallejo O'Connor
ESTO es COACHING
PCC

----------Mensaje original----------
De: Cuesta Gómez, Patricia [mailto:paty0099@gmail.com]
Enviado el: miércoles, 20 marzo, 17:40
Para: Eire
Asunto: Re: Autorregistro y cuentos

Muchas gracias, Eire, por tu rapidez y por lo que me mandas.
El autorregistro lo adaptaré esta noche y mañana empiezo a hacerlo...
La verdad es que tengo curiosidad por ver la foto real...
Gracias también por los cuentos. Uno ya lo conocía pero aun así son como para recordarlos... El de la suerte lo leeré todos los días hasta que resuelva mis problemas de pareja... A ver si lo llevo mejor ☺
No te mandaré cuaderno de trabajo porque esta vez sólo voy a poner las dos cosas que me has mandado.
He decidido, por fin, llamar a «la otra parte» la jedi; y cada vez que salga la «brujilda», voy a recordarme lo de ***entrégate a la fuerza***... Me gusta porque

lo tengo asociado a la serenidad y la confianza, que es lo que creo que mejor me puede venir ahora…

Dirk Ziegener

Ja, ja, ja, ja.
Besos,
Patricia Cuesta Gómez
Coach profesional ACC por la ICF

----------Mensaje original----------
De: Cuesta Gómez, Patricia [mailto:paty0099@gmail.com]
Enviado el: jueves, 4 abril, 12:25
Para: Eire
Asunto: mañana

Hola, Eire:
¡¡Mañana terminamos!!
Me parece increíble, y me da penita…
Te mando mi última plantilla previa a la sesión de coaching ☺
Ya te contaré porque he flipado un poco con el autorregistro…
¡Espero que estés muy bien!
Besos,
Patricia Cuesta Gómez
Coach profesional ACC por la ICF

PLANTILLA PREVIA A LA 9.ª SESIÓN DE COACHING

1. **¿Qué he conseguido desde la sesión anterior?**
   - ✓ He hecho el autorregistro (la bruja y la jedi).
   - ✓ He repasado varios cuentos que me han ido gustando en los últimos tiempos...
   - ✓ He pensado en practicar alguna actividad que requiera ceder el control... ¿bailes de salón?
   - ✓ Sigo las clases semanales de Coaching Corporal, el «diario emocional» y sacando momentos de calma, como preparación, antes de las sesiones con mis clientes.
   - ✓ También sigo calibrando y sincronizado dentro y fuera del trabajo (y flipando con los resultados) y disociándome a propósito en momentos duros, emocionalmente hablando.

czekka

2. **¿Qué me propuse hacer y no hice?**
3. **¿Qué quiero trabajar en mi siguiente sesión de coaching?**
   - ✓ Un resumen, supongo, y que me cuentes sobre libros interesantes...

Capítulo 9
Aterrizaje entre libros

Hoy realmente vengo de otra manera... Sé que cerraremos el proceso pero lo de después me apetece más... Espero que se acuerde de que hemos dejado un montón de cosas en el aire para hablar al acabar... Y además tenemos pendiente la bibliografía...

Su portal se ha convertido en parte de mi rutina, creo que lo voy a echar de menos a pesar de estar totalmente convencida de que los procesos de coaching no pueden ser eternos... La verdad es que me gustaría quedar alguna vez como amigas... ¿Se lo digo? Seguro que a ella le sobran las amigas y no le interesa lo más mínimo entablar amistad con cada cliente que tiene... Aunque, por otra parte, a lo mejor piensa lo mismo que yo... Debería al menos intentarlo, el «no» ya lo tengo... No... Creo que paso, no me apetece arriesgarme al fracaso...

—Hola, Paty, ¿cómo estás? –pregunta como siempre al abrirme la puerta sonriendo.

—Pues un poco triste pensando que esto se acaba, la verdad, creo que te voy a echar de menos... –le digo mientras paso para no tener que mirarle a la cara...–. Me gustaría seguir viéndonos de alguna manera... Bueno, olvídalo...

—Vale, lo olvidamos mientras rematamos el coaching, ¿vale? –lo dice toda sonriente... ¿Sabe algo que yo no sé? ¿Ella no me va a echar de menos?...–. ¿Qué quieres tomar? ¿Quieres probar mi infusión?

—¡Vale! Pero por favor ponme poco, por si no me gusta.

—¿Te gusta el olor?

—Sí, mucho, huele como a mazapán…

—Entonces sí que te gustará; porque sabe igual que huele, ya verás…

Se gira y prepara rápidamente dos tazas muy monas, con flores, para las infusiones. Yo aprovecho para mirar bien la estancia, hay algo acogedor más allá del mobiliario, no sé qué será; pero yo me he sentido muy a gusto desde el principio, incluso cuando no me dejaba estar tranquila con ella… De pronto ya están las tazas en la mesa, sólo nos falta el platito de pastas inglesas, ja, ja, ja, ja.

—Bueno, Paty, si te parece bien, hacemos un repaso de los objetivos del principio y de sus puntuaciones, ¿te parece?

—Sí, veo la importancia de cuantificar, pero yo estoy contenta aun sin ver el número, me siento muy agradecida a ti; y a mí por haberme puesto a tiro tuyo… –Nos sonreímos las dos, yo creo que le he gustado como cliente…–. ¿Tienes a mano esas tablas «tan monas» que pintamos?

—Sí, claro, ¿las completamos? –Realmente las tiene a mano, en la carpeta que tiene sobre la mesa, ésa debe de ser MI carpeta…

—Venga… A ver, el primero de los objetivos… Bueno, el primero y el central porque creo que todo ha girado en torno a esto… Mira, no sé qué puntuación ponerme… Bueno. –Le escribo en su tabla:

1. SENTIRME SEGURA, COMPETENTE, EFICAZ	De 1 a 10
Al principio como coach	9,5
Al inicio del proceso de coaching	5
Tras 3.ª sesión	6,5
Al final del proceso de coaching	7 y subiendo…

—Mira, Eire, ya sé que a lo mejor no te parece mucho aumentar medio punto; pero para mí es mucho, y lo más importante es que va subiendo… Es como que noto que voy despacio pero consolidando, y estoy muy contenta. No me conformo con el 7, quiero más, al menos un 8; pero creo que hemos puesto las bases para llegar ahí… Para mí está conseguido… –Nos miramos y nos sonreímos, satisfechas las dos del logro–. Ummm… A ver; al dos le pasa un poco lo mismo… yo le pondría un 5 ahora… Que me parece hasta mucho dada mi circunstancia personal… Ya es un aprobado, no creo que actualmente pueda divertirme más, la verdad, me resulta otro objetivo conseguido que irá reflejándose más en mi día a día cuando salga de este bache…

2. DIVERTIRME CON EL TRABAJO	**De 1 a 10**
Al principio como coach	9
Al inicio del proceso de coaching	2
Tras 5 sesiones	3
Al final del proceso de coaching	5 y subiendo

—Este tercero, ya lo di por conseguido tras la cuarta sesión, pero la verdad es que he seguido mejorando, ya estaría en el 8 y me da la sensación de que como todos están conectados aún mejorará más… Pero vamos, aunque no mejorara ya, está muy bien así… Estoy muy contenta… Me ha resultado mucho más sencillo de lo que yo esperaba…

3. LLEVAR BIEN A LOS CLIENTES INDECISOS	De 1 a 10
Al inicio del proceso de coaching	3,5
Tras 4.ª sesión	7
Al final del proceso de coaching	¡Conseguido! 8

—El objetivo cuarto lo podríamos dividir en dos, porque están relacionados pero son cosas distintas... –De éste no tenemos tablas, así que la pinto yo:

4.1. SABER GESTIONAR LAS EMOCIONES DE LOS CLIENTES	De 1 a 10
Al inicio del proceso de coaching	2
Al final del proceso de coaching	6 ¡Conseguido!

—Realmente casi no lo hemos trabajado; pero he mejorado mucho, supongo que por gestionar mejor mis propias emociones y por intentar entenderles más, ser más empática... Éste también creo que seguirá mejorando...

4.2. GESTIONAR EMOCIONES FRENTE A LAS INJUSTICIAS	De 1 a 10
Al inicio del proceso de coaching	2
Al final del proceso de coaching	4 Pendiente

—Realmente éste no lo hemos trabajado, pero se ha relajado él sólo como efecto de trabajar los demás... Lo dejo como pendiente, ya veremos cómo evoluciona y si no evoluciona mucho lo trabajaré en mi próximo proceso de coaching... Bueno, el quinto objetivo no tiene tabla... Sería sólo:

5. SACAR EL PCC	**En proceso**

Aunque reconozco que me vino muy bien empezar con él porque así voy poco a poco y sin agobios... Si no lo hubiéramos hablado no habría caído en la ventaja de irlo preparando... Y el sexto... Estaría más o menos así:

6. EXAMINAR CÓMO APROVECHAS LAS OPORTUNIDADES	**De 1 a 10**
Al inicio del proceso de coaching	0
Al final del proceso de coaching	3 En proceso

—Y, bueno, parece evidente que había un objetivo subyacente..., el de la confianza... Ése podría ser el objetivo 0; el que está en la base de todo o casi todo... Francamente no me apetece hacerle una tabla... Me cuesta cuantificarlo porque ni siquiera era consciente de mi falta de confianza en mí y en mi trabajo... Pero cualitativamente he mejorado mucho y sigo en proceso de mejora... Bueno, Eire, esto no es una «conversación de coaching», ¡esto es un monólogo!

Ja, ja, ja, ja, ja.

—Tienes razón, Paty, pero no he sentido la necesidad de preguntarte o aportarte nada porque ya lo ibas haciendo tú sola... Aunque sí me gustaría saber si recuerdas cuál fue tu meta inicial de este proceso de coaching...

—Sí, claro... Espera... «Disfrutar más de mi trabajo y sentirme más competente».

—Y dicho así, ¿cómo sientes los avances?

—Pues muy bien, dentro de mi contexto, que está un poco regular, estoy impresionada, la verdad, no pensé que llegara a acercarme tanto a lo que quería... Gracias... –Hacemos un pequeño silencio entre sonrisas de satisfacción... ¡Cuánto hacía que no me reconocía a mí misma algo como bien hecho!

—Paty, ¿cuánto has avanzado en «disfrutar más de tu trabajo y sentirte más competente»?

—¿Cuánto? No sé si puedo cuantificarlo... Pues, si te digo la verdad, es que es muy difícil de medir... Recuerdo que me ponía un 6 en sentirme competente y quería llegar al 9. Bueno pues realmente no sabría decirte si me siento en un 9 o un 8; pero como estoy satisfecha, supongo que da un poco lo mismo, ¿no? –Nos miramos otra vez en un silencio agradable...

—Bueno, ahora me gustaría saber cómo te fue el autorregistro y qué tal va el potenciar tu parte compasiva...

—Ya me imaginaba... Bueno, mira, el autorregistro fue muy, muy revelador. Durante dos días apunté casi todos los comentarios de «la bruja» y me quedé impresionada de cómo salta ese resorte constantemente en mi día a día... No sólo en el trabajo, está en todas partes... Bueno, en la hoja puse el contraargumento de «la jedi». Sí, al final elegí llamarla así porque «chupi-fresa» era ciertamente peyorativo...

—Paty, ahora con más perspectiva, ¿qué función crees que cumple «la parte bruja»?

—Ya... Ya sé por dónde vas... Mira, algunas veces es una maldad gratuita, que sólo veo que me sirva para machacarme... Por ejemplo, si me tropiezo en la calle y me llamo estúpida. Otras veces le veo más sentido, veo la «intención positiva» debajo del machaque... Es como que me sirve para no dormirme en los laureles, para tener siempre afán de mejora, para intentar siempre hacer las cosas lo mejor posible... Bueno, básicamente eso.

—¿Y qué conclusión sacas de esto?

—No es una conclusión, lo que saco es más bien una actitud... Los dos primeros días cada vez que aparecía «la bruja» me cabreaba con ella y conmigo, bueno, yo soy ella así que no sé si tiene mucho sentido lo que digo... En cualquier caso... Esto empecé a verlo en el tercer día y cambié de actitud... En vez de luchar como una maestra jedi, no podía ser menos, contra la bruja, decidí que mejor educarla... Así que cuando aparecía, me volví más comprensiva, y hasta llegué a agradecerle su intención, que no su forma se machacarme, claro... No sé si me explico... En todo caso, eso me dio otra perspectiva... Y me gustó, me hizo sentirme reconciliada conmigo misma... Como si me entendiera y me perdonara cada vez que me sale esa parte... Bueno, el caso es que a partir del cuarto día, dejé de anotar lo que decía la bruja, y sólo anoté las palabras de la jedi... No quería darle más poder escribiendo lo que decía, ¿sabes?... ¡Esto sigue pareciendo un monólogo! ¿No me estarás haciendo de psicoanalista? Ji, ji, ji.

—No. –Se ríe ella también–. ¿Cómo estás ahora con esto?

—Pues ahora ya no escribo nada, aunque he decidido que de vez en cuando voy a volver a registrar mi diálogo interno para ver mejoras... Ahora mismo, ya no se me escapa casi ningún comentario de la bruja, y automáticamente, me surge la otra parte que me da apoyo y consuelo... O la que me recuerda lo de «entrégate a la fuerza»... Me da miedo perderlo, seguiré prestándole atención una semana más para asegurarme de que ya es un hábito, pero... lo cierto que es que me siento realmente distinta, esto ha sido como el postre de una fantástica comida... Me siento «llena» y «satisfecha», no entiendo bien cómo puedo sentirme así con lo que estoy viviendo personalmente; pero lo cierto es que sí... Me siento distinta, muy distinta, y con esperanza... ¡Gracias!

Sólo me sonríe, no dice nada... Nos quedamos un ratito calladas en ese silencio de complicidad... ¡Qué gusto! Al poco, ella dice:

—¿Quieres trabajar algo más o dejamos aquí el coaching?

—Por mi está bien así. –Volvemos a sonreírnos... Parecemos un poco bobas...

—Mira, ven. –Nos levantamos las dos hacia las estanterías–. Si te parece miramos la bibliografía que te interese... –Ella señala la estantería de la izquierda diciéndome–: Aquí tengo todos los libros que son sobre coaching... Bueno, todos los que yo tengo, claro... Éste ya lo conoces ¿no? –Y me tiende el libro:

	WHITMORE, John • **«COACHING. El método para mejorar el rendimiento de las personas»** • PAIDÓS EMPRESA (2003)

—¿Cómo no?, es el primer libro que leí de coaching, es como un clásico, ¿no? Además lo retomé durante nuestro proceso para repasar el GROW...

—¿Conoces éstos?

	WOLK, Leonardo • **«COACHING. El arte de soplar las brasas»** • GRAN ALDEA EDITORES SRL (2003)
	WOLK, Leonardo • **«COACHING. El arte de soplar las brasas en acción»** • GRAN ALDEA EDITORES SRL (2007)

—Pues no, no lo los he leído; pero a una amiga le encantaron, se los dieron a leer en su escuela, por lo menos el primero… ¿Me los recomiendas?

—Pues no sé qué decirte, la verdad, son bastante básicos, sobre todo el primero… A mí me gustó mucho la metáfora del coach como «soplador de brasas» y en todo caso ahora a lo mejor el segundo te podría resultar más útil porque es más práctico… Éste también está bien:

MIEDANER, Talane
- **«Coaching para el Éxito»**
- EDICIONES URANO, S. A. (2002)

—Sí, éste lo tengo, me gustó mucho y cuando lo leí pensé que sería el típico libro sobre el que volvería para hacer consultas… Pero la verdad es que no suelo hacerlo… A lo mejor me basta con saber que lo tengo… –Esta vez soy yo la que le guiña un ojo–. Y éste también lo tengo…

ECHEVARRÍA, Rafael
- **«Ontología del lenguaje»**
- J. C. SÁEZ EDITOR (2007)

—Pero confieso que no lo he leído… ¿Tú lo has leído? –No sé para qué lo pregunto porque ya sé la respuesta… Lo tiene colocado con los libros básicos del coaching…–. Es que lo tengo ahí pero me parece un poco «ladrillo».

—Creo que entiendo lo que dices con ladrillo, yo nunca lo he recomendado a nadie que no se fuera a dedicar a ser coach… Lo mismo me pasa con éste, ¿lo conoces?

	MILANESE, Roberta y MORDAZZI, Paolo • **«Coaching estratégico. Cómo trasformar los límites en recursos»** • HERDER EDITORIAL (2008)

—No. ¿Está bien?

—Bueno, es un ensayo, que en algún momento puede ser duro de leer. Seguramente interesante para psicólogos y gente muy motivada por el entendimiento psicológico. Es un modelo bien estructurado y razonable pero, para mi gusto, puede resultar un coaching demasiado directivo. Apuestan por ese tipo de coaching/consultor y se sugieren estrategias de afrontamiento...

—Todo eso está muy bien... ¿Pero me lo recomiendas o no?

Ja, ja, ja, nos reímos las dos, a lo mejor yo sonaría borde si no nos sintiéramos tan a gusto...

—Bueno, si dentro de un tiempo has leído otros y quieres ver si te puede interesar, te lo presto y le echas un vistazo... Si pasas las primeras páginas y sigues interesada en leerlo; entonces te lo recomiendo... –Se ríe; porque sabe que no me ha dicho nada concreto, pero parece que no puede dar una respuesta clara porque no la tiene...–. De todas formas, para que te recomiende un libro tendrías que decirme qué es lo que andas buscando, qué te gustaría que te aportara el libro...

—Sí, claro, pues no sé qué decirte, me gusta de vez en cuando leer algo de coaching para ver si lo tengo oxidado y para conocer los libros que van saliendo, por si me pueden dar alguna idea... Pero la verdad es que ahora mismo no siento la necesidad de leer para nada en concreto... Bueno, lo último que pensé era trabajar un poco más el lenguaje pero... los de Echevarría no me llaman mucho.

—Bueno, mira, de coaching ontológico sacaron este libro dos conocidas mías:

GUARNIERI, Silvia y ORTIZ DE ZÁRATE, Miriam
- **«No es lo mismo»**
- LID EDITORIAL EMPRESARIAL (2010)

—Es de lectura mucho más fácil que los de Echevarría...

—¡Vale! Me lo anotaré. ¿Y si me dices libros que tú recomiendas a los clientes...?

—Pues te diría lo mismo... Necesitaría saber para qué les puede venir bien... –Se desplaza a la estantería central. Me sigue sorprendiendo lo «ordenadita» que es, aunque con tanto libro, si no los ordena, debe de ser imposible localizar el que quieres–. Si a un cliente le interesa el coaching, este libro está muy bien para conocer, de manera metafórica, la esencia del coaching:

IRANZO, Consol
- **«El perro pastor que perdió su rebaño»**
- ZENITH EDITORIAL (2009)

—Es una fábula sobre el coaching que se lee de un tirón y que te hace pensar. Y puede servir para conocer más esa forma de trabajar con los otros, reconocer las autolimitaciones, cambiar paradigmas, pensar que la solución de muchos de nuestros problemas está en nosotros mismos, y que con un buen acompañamiento y buenas preguntas podemos llegar a ello... Para entrar más en materia, y creyendo en el autocoaching, éste es claro:

MUMFORD, Jeni
- **«Coaching para Dummies»**
- EDITORIAL PLANETA, S. A. (2010)

—Mira, éste se le puede recomendar a todo el mundo porque a todos nos viene bien; es el libro preferido de una hermana mía:

GALLWEY, W. Timothy
- **«El juego interior del tenis»**
- EDITORIAL SIRIO, S. A. (2010)

—¡Ah! Lo conozco, lo que pasa es que lo he leído hace mucho y recuerdo que me gustó pero... Mira, seguro que me viene bien releerlo ahora... Es como que siempre hace falta recordar estas cosas, ¿no?

—Sí, en inglés también existe para otros deportes, y en el último congreso de coaching, vi traducido el del golf... Y bueno, de éste ya hemos hablado:

COVEY, Stephen R.
- **«Los 7 hábitos de la gente altamente efectiva»**
- PAIDÓS IBÉRICA (1997)

—Me parece muy recomendable para todo tipo de perfiles, aunque lo suelo recomendar más a profesionales cualificados... Y luego está el que me dijiste:

COVEY, Stephen R.
- **«El 8.º hábito: de la efectividad a la grandeza»**
- PAIDÓS IBÉRICA (2005)

—También han sacado los 7 hábitos para niños (ése se lo regalé a mis sobrinos) y para adolescentes, aunque aún no lo he leído... En general todo lo de Covey me gusta; también recomiendo muchas veces a mis clientes, sobre todo si son directivos, que realicen alguna formación de esto. La exclusiva en España la tiene Tea-Cegos, o Cegos España, creo que se llama ahora. ¿Conoces esa consultora?

—Sí, claro, aunque nunca he asistido a ninguna formación en ella pero me han hablado muy bien...

—Yo para este año tengo el propósito de hacer el curso de este libro:

COVEY, Stephen M. R. con MERRIL, Rebeca R.
- **«La velocidad de la confianza»**
- PAIDÓS IBÉRICA (2011)

—Así que aún no lo he leído porque prefiero leerlo después y dejar que la formación me sorprenda... Mira, Paty, la mayoría de mis clientes de empresa me piden sobre todo libros de temas relacionados con el liderazgo, la negociación, la gestión del tiempo, la comunicación... De liderazgo yo les recomiendo éste:

PAYERAS, Joan
- **«Coaching y liderazgo»**
- EDICIONES DÍAZ DE SANTOS (2004)

—Me considero una privilegiada porque yo trabajé con su autor, era una de las mentes más brillantes que he conocido... Aprendí mucho de él, sobre todo hacíamos coaching de equipos... Él lo llamaba «Desarrollo Organizacional»... Bueno, eso es otro tema...

»Cuando me piden que aconseje un libro de negociación, remito a éste. Uno de sus autores es un amigo mío y una gran persona:

MARTÍN MARTOS, Andrés y BUENESTADO, Sebastián

- **«Saber negociar con el diablo para ganarle la partida»**
- PLATAFORMA EDITORIAL (2012)

—Y si el tema es la comunicación, me gusta éste, ¿lo conoces?

ROSENBER, Marshall B.

- **«Comunicación no violenta, un lenguaje de vida»**
- GRAN ALDEA EDITORES (2006)

—No, pero tiene buena pinta, y siempre tengo algunos clientes que quieren suavizar su manera de dirigirse a los demás... Suelo remitirles a libros de asertividad... Pero ninguno me encanta...

—Sobre gestión de conflictos éste es el que más me ha gustado de los que he leído:

WEEKS, Dudley Dr.

- **«Ocho pasos para resolver conflictos»**
- JAVIER VERGARA, EDITOR, S. A. (1998)

—Eire, ¿y de PNL? –Volvemos a la estantería de la izquierda pero esta vez más abajo...

—No sé si recuerdas que yo siempre aconsejo hacer alguna formación de PNL antes de leer los libros... Pero bueno, yo empezaría por éste:

CUDICIO, Catherine
- **«Cómo comprender la PNL. Introducción a la programación neurolingüística»**
- GRANICA (1999)

—Que es básico y se entiende bien, y el de:

KNIGHT, Sue
- **«La PNL en el trabajo»**
- SIRIO (1999)

—¡Ah! Y…

READY, Romilla, BURTON Kate y GUIX Xavier (asesor)
- **«PNL para Dummies»**
- GRANICA (2008)

No me gustan nada las portadas de esta colección, pero el libro está muy bien para una primera aproximación… Luego, si el libro es para ti o para alguien ya iniciado en el coaching, yo creo que éste puede resultar interesante:

DILTS, Robert
- **«El poder de la palabra PNL»**
- URANO (2003)

—Y del mismo autor también está bien:

DILTS, Robert

- **«Coaching. Herramientas para el cambio»**
- URANO (2004)

—Y:

DILTS, Robert

- **«Liderazgo creativo PNL»**
- URANO (2003)

—Aunque este último me gustó menos…, me pareció más de lo mismo… Éste me gustó más, y me encanta el título:

ROBBINS, Anthony

- **«El poder sin límites»**
- GRIJALBO (1992)

—Ah, y también está éste:

O'CONNOR, Joseph y LAGES, Andrea

- **«Coaching con PNL: Guía práctica para obtener lo mejor de ti mismo y de los demás»**
- URANO EDICIONES (2005)

—Paty, creo que te voy a marear con tanto libro… –me lo dice con auténtica cara de preocupación, no sabe lo que me encantan los libros… Podría pasarme horas viéndolos, tocándolos… Además prefiero esto que no que me dé una lista de libros, ya por la pinta que tienen me atraen o no…

—Estoy bien. Dime, ¿alguna vez te has comprado un libro sólo por su aspecto o su título?

—Pues sí, hace años, pero es un libro que podríamos llamar rarito… Seguro que lo tengo por aquí… –Mira por la estantería de la derecha y rápidamente lo encuentra–. Mira, es éste:

	PIERRAKOS, Eva y SALY, Judith • **«Del miedo al amor: el método pathwork para trasformar la relación de pareja»** • PAX MÉXICO (2001)

—Nunca me ha impactado tanto un libro, la verdad, aunque no sé qué pensaría ahora de él, porque lo leí hace muchos años… Éste es el único libro que no presto porque en España no siempre ha estado disponible…

—¡Vaya! Has conseguido intrigarme…

—Ya, pero mira el título… ¿Te llama?

—Pues sí, la verdad, creo que ahora me vendría muy bien leer algo así ya que mi prioridad va a ser mi relación de pareja, o mi falta de relación, mejor dicho…

—Bueno, pues una de mis hermanas me ha encargado unos cuantos para regalar y está segura de que los consigue, lo sabré esta semana, si no ya vemos, ¿vale? De este tipo también me gustó mucho este clásico…

FROMM, Erich
- **«El arte de amar»**
- PAIDÓS IBÉRICA (1959)

—Y del mismo autor también el de:

FROMM, Erich
- **«El miedo a la libertad»**
- PAIDÓS IBÉRICA (1941)

—¡Ah! Casi se me olvida…, el libro que te recomendé sobre el cerebro:

DISPENZA, Joe
- **«Desarrolla tu cerebro: la ciencia de cambiar tu mente»**
- PALMYRA (2008)

Lo veo un poco gordito… Ummm, más de seiscientas páginas… Pero si ella me lo recomienda no lo dudo…

—Bueno, que me desvío, el de inteligencia emocional, ¿lo tienes, no?

GOLEMAN, Daniel
- **«Inteligencia emocional»**
- KAIRÓS (1996)

—Sí, sí.

—¿Y este otro?

GOLEMAN, Daniel

- **«La práctica de la inteligencia emocional»**
- KAIRÓS (1999)

—No, éste no lo he leído...

—Pues está mejor, yo creo, es más aplicable, yo lo recomiendo cuando los clientes me piden algo básico de inteligencia emocional; aunque la verdad es que ahora hay muchos... –Me señala la balda de la que lo ha cogido y debe de tener allí más de quince libros del tema.

—Veo que te gusta mucho el tema...

—Sí, me encanta, es lo que más me gusta leer en ensayo... Me encantaría que fuera una asignatura obligatoria a estudiar desde niños... Así seríamos todos mucho más felices.

—Ya... –No me esperaba esto de ella..., no sé por qué..., ¡es una loca de la IE! Parecía que le iba más la PNL por el tipo de ejercicios que me ha estado proponiendo... Me pregunto por qué no hemos hecho más cosas de IE... Ella, ajena a mi pensamiento, sigue hablando, no sé qué me he perdido... Se ha desplazado a la estantería de la derecha, abajo, y me está tendiendo un libro

—... De desarrollo personal hay demasiados... A mí, para empezar, me gusta mucho éste, ¿lo conoces?

FISHER, Robert

- **«El caballero de la armadura oxidada»**
- OBELISCO (1998)

—Claro, ¿cómo no? Yo creo que éste es muy famoso. Además me gustó mucho y es muy pequeño y rápido de leer…

—¿Y la versión femenina? Es más gordo y me gustó menos aunque también tiene su público…

GRAD, Marcia
- **«La princesa que creía en cuentos de hadas»**
- OBELISCO (1998)

—No, éste no lo conozco…

—Y también me gusta este clásico:

JOHNSON, Spencer
- **«¿Quién se ha llevado mi queso?»**
- EMPRESA ACTIVA (2000)

—Totalmente de acuerdo, Eire, creo que tu criterio y el mío van bastante en línea, estoy encantada… A mí de esta colección recuerdo que me gustó, hace años, el de *La paradoja*…

—Aquí lo tengo, pero la verdad es que casi ni lo recordaba…

HUNTER, James C.
- **«La paradoja»**
- EMPRESA ACTIVA (1999)

—Y este otro:

ARNIE, Warren
- **«Los tres pasos»**
- EMPRESA ACTIVA (2002)

—Y luego está éste, que es muy famoso, y yo leí porque todo el mundo lo comentaba pero tampoco me encantó…

FRANKL, Viktor E.
- **«El hombre en busca de sentido»**
- EDITORIAL HERDER (2004)

—Bueno, no sé si conoces este libro; pero yo diría que siempre nos viene bien a todos, yo lo recomiendo mucho… La verdad es que la primera parte es un poco pesada, pero la parte de los acuerdos vale la pena leerla y releerla de vez en cuando…

RUIZ, Miguel Dr.
- **«Los cuatro acuerdos»**
- URANO (1998)

—Y luego están los de cuentos, con moralejas, como este tipo:

BUCAY, Jorge
- **«Déjame que te cuente»**
- RBA LIBROS (2002)

—Según sea tu cliente, si está «trabajado» le puede encajar alguno de éstos:

	LOSIER, Michael • **«La ley de la atracción»** • GRUPO EDITORIAL PLANETA (2008)
	TOLLE, Eckhart • **«El poder del ahora: una guía para la iluminación espiritual»** • GAIA (2009)
	TOLLE, Eckhart • **«Un nuevo mundo, ahora»** • GRIJALBO (2010)

—Eire, ¿y de trabajo psico-corporal?

—Pues mira, éste es el último que me he leído:

	PALCOS, Maria Adela • **«Del cuerpo hacia la luz»** • KIER EDITORIAL (2011)

—Es de la creadora del Sistema Río Abierto y es un poco raro, pero explica bastante bien el trabajo (entre otras cosas). Tengo bastantes más, pero no aquí, otro día que nos veamos te traigo; pero no creas que son sobre la técnica, que la explican, más bien son complementarios o recomendados por ellos. Para empezar a conectar lo corporal, yo suelo recomendar, si tienen mente abierta, éste:

HUNEEUS COX, Francisco
- **«Lenguaje, enfermedad y pensamiento»**
- CUATRO VIENTOS (1998)

—Paty, échales un ojo a éstos o a los que quieras, yo vengo ahora… –Se va y yo sigo con los libros, ¡cómo me gustan! Al volver sigo mirando los que me ha comentado y los que no… Veo una balda, abajo en el bloque central de la estantería, de la que no me ha enseñado ninguno…

—Eire, de éste no me has dicho nada ¿está bien?

VITALE, Joe, LEVINE, Terri y KASE Larina
- **«El coach del éxito»**
- OBELISCO (2012)

—¡Vaya, Paty! Te dejo sola dos minutos y ya has dado con la balda de los libros «que me faltan»… Ja, ja, ja, ja –nos reímos las dos a placer, es una sensación extraña el poder reírme de cosas que me molestan de mí… ¡Me gusta!–. Bueno, en serio, de eso no te he hablado porque lo estoy leyendo, aún no lo he terminado, pero me gusta. Aún no sé si estará entre mis preferidos porque no sé si equipara coaching y asesoramiento, pero tiene una parte de trabajar tu propio mercado que promete… El resto está aquí por lo mismo, o los tengo a medias o pendientes de leer, yo tampoco estoy todo el rato leyendo libros de coaching… Llega un momento que me parecen redundantes… ¡Mira! Hablando de libros que compro sólo por el título:

DÍAZ-DEUS, Antonio

- **«El coach como chamán»**
- AUTOR EDITOR (2011)

—La verdad es que aún no lo he leído; me han dicho que aporta una visión original y complementaria con otras visiones más clásicas. Dicen que es un libro para iniciados, pero no expertos, y que es demasiado denso para alguien que empieza en el coaching...

—Oye, Eire, ¿tú aplicas test o pruebas a los coachees?

—Bueno, yo tengo una cuenta con TEA-Ediciones, ¿los conoces?

—¡Claro! ¡Todo el mundo conoce a TEA-Ediciones! Es la empresa de pruebas psicológicas más importante de España, ¿no?

—Pues te puedes dar de alta con ellos como profesional del coaching y puedes hacer las pruebas que quieras a tus coachees por su web, *on line.*

—¿Ah, sí? No tenía ni idea..., ¿y eso es muy caro?

—No, darte de alta es gratis, y luego te cobran los usos que hagas de cada prueba *on line,* una vez que tu cliente ha terminado de contestar el test automáticamente obtienes su perfil y su informe para que tú lo trabajes con él... Yo la mayoría de las pruebas las doy por incluidas en el precio, excepto el FB 360°, que es un poco más caro y se lo facturo aparte al coachee.

—¿Y cuál es el que más usas?

—Sobre todo el FB 360°, me parece la mejor prueba para tener como inicio de un proceso de coaching; de hecho muchas empresas ya lo hacen por su cuenta antes de contratarme y lo toman como punto de partida. Para mí no hay mejor herramienta de diagnóstico para buscar áreas de mejora a trabajar en coaching; aunque si el clima está enrarecido o una persona no lleva mucho tiempo en una empresa, puede no ser recomendable... Y el resto... Espera. –Va hacia la estantería de la derecha, abajo, donde tiene un par de cajas muy monas de las que siempre me ha intrigado su contenido... Coge una y la trae a la mesa de los sofás–. Mira:

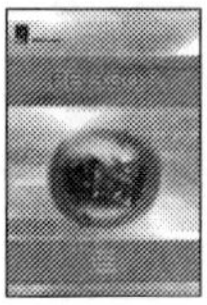	MAMOLAR, Pilar, BUSTILLO, Carlos, ARRIBAS, David y MINGUIJÓN, Javier • Evaluación multifuente (feedback 360°) de 12 competencias de mandos y directivos para la identificación de los puntos fuertes y las áreas de mejora en su gestión. **Aplicación:** Individual o colectiva. **Tiempo:** Aproximadamente 15 minutos por cada evaluador. **Edad:** Mandos y directivos en las organizaciones.

Lo ojeo un poco...

...La evaluación feedback 360° es practicada por muchas entidades como medio para fomentar el desarrollo de los directivos y mejorar la calidad de la gestión de las organizaciones.

La expresión 360° surge de la idea de recoger información proveniente de diversas fuentes: superiores, iguales y colaboradores o clientes.

FB 360° es un cuestionario elaborado a partir del diccionario de competencias largamente experimentado por TEA-CEGOS y consta de 60 ítems que permiten evaluar 12 competencias generales importantes, agrupadas en cuatro grandes áreas: Intrapersonal, Interpersonal, Gerencial y Entorno.

Permite que cada directivo sea evaluado anónimamente por varias personas de diferentes procedencias. El cuestionario se contesta por internet y el sistema produce automáticamente un completo informe de cada sujeto evaluado.

El informe refleja las puntuaciones atribuidas por cada grupo de evaluadores al sujeto evaluado, incluyendo gráficos para facilitar la comprensión de las informaciones. Se relacionan también los comportamientos del sujeto mejor y peor valorados y las discrepancias significativas entre los diversos grupos de evaluadores: jefes, iguales, colaboradores y el propio sujeto...

Tiene muy buena pinta, no sé por qué no se me ha ocurrido a mí usar algo así porque ciertamente a mí también me gusta cuando a mis clientes su empresa les hace un 360° antes de empezar el proceso de coaching...

—Eire, ¿cómo me puedo dar de alta?

—Lo mejor es que les contactes por teléfono o por *mail.* Mira está aquí: emdrid@tea-ediciones.com. Ellos ya te informan de todo... ¿Quieres ver otros test que a veces uso? –Asiento encantada, ella sonríe y sigue sacando de la caja:

ARRIBAS, David y PEREÑA, Jaime

- Evaluación en el contexto laboral de 20 competencias, 5 áreas competenciales, una escala de sinceridad y 2 índices cualitativos.

Aplicación: Individual y colectiva.
Tiempo: En torno a 30 minutos.

—Éste suele gustar a todo tipo de perfiles profesionales, mide las competencias y permite ver claramente las áreas de mejora que se pueden trabajar... Aunque luego a lo mejor el coachee no quiere trabajarlas, claro... Pero hay muchas personas a las que les gusta hacerse pruebas por curiosidad... Bueno, y si son muy curiosas, a mí me gusta uno que sacaron de moldes mentales... Fui a la presentación y me encantó... Tengo que tenerlo por aquí:

HERNÁNDEZ-GUANIR, Pedro

- Evaluación de las estrategias o «moldes mentales» con los que una persona interpreta, evalúa y reacciona ante la realidad. Su conocimiento facilita la comprensión, manejo y modificación de las emociones y los comportamientos.

Aplicación: Individual y colectiva.
Tiempo: Entre 35 y 45 minutos aproximadamente.

—A veces les llama la atención medir su inteligencia emocional, y yo les suelo aconsejar que hagan éste:

MAYER, John D., SALOVEY, Peter y CARUSO, David. R.
Adaptadores: N. Extremera y P. Fernández-Berrocal.

- Evaluación de la inteligencia emocional y sus componentes (Percepción, Facilitación, Comprensión y Manejo) mediante pruebas de rendimiento o capacidad.

Tiempo: Entre 30 y 45 minutos, aproximadamente.

—En realidad hay muchos y muy adaptados para cada caso… Es cuestión de ver el catálogo y de hacerlos tú antes, dando por hecho que tu nivel de autoconocimiento es tal que te permita saber si gusta la prueba… ¡Mira! Éste también me gusta:

HOSSIEP, Rüdiger y PASCHEN, Michael
Adaptadores: D. Arribas, S. Corral y J. Pereña (Dpto. de I+D de TEA Ediciones)

- Evaluación de 19 competencias y dimensiones de personalidad esenciales en la predicción del éxito laboral.

Tiempo: Variable, entre 30 y 45 minutos.

—Bueno, Paty, ya no te mareo más con esto, si quieres algo específico mejor les preguntas a ellos que tampoco soy especialista en esto…

—¡Vale! Estoy encantada con todo lo que me has contado… Esto de TEA-Ediciones me abre muchas perspectivas…

—Me alegro… Voy a hacer una llamada rápida y luego «te invito a un café», ji, ji, ji. –Me pone cara de traviesa pero me deja francamente sorprendida con lo del café, ¿a qué se refiere? Bueno, lo sabré en breve.

Epílogo

—Bueno, Paty, te dije que te reservaras más tiempo hoy porque te iba a proponer que nos tomáramos ese famoso café… Pero mira, tengo una sorpresa para ti. –Va hacia el armarito donde guarda las infusiones y me enseña un bote de café capuchino soluble con una gran sonrisa–. ¿Te gusta? ¡Me han dicho que está buenísimo!

Yo también sonrío abiertamente pero soy incapaz de hablar… Es toda un sorpresa que alguien «anticafé» me haya comprado A MÍ café para tomarlo con ella… ¡Vaya detallazo! Siento que me emociono y ella también debe de darse cuenta porque me sonríe y se gira para calentar el agua. Ya sabe que me incomoda que me vean así…

—Casi todas las veces que nos hemos visto, has querido saber más cosas de mí o de mis opiniones y las hemos ido dejando para al final. Aquí estamos. En vez de ir a una cafetería te propongo que cambiemos de escenario aquí mismo, ¿te apetece que nos sentemos en los sofás?

—Claro, Eire, me parece una idea genial, yo siempre me he sentido aquí muy a gusto… Lo que pasa es que me flipa que me hayas traído café…

—No sólo lo he traído, además me he hecho el firme propósito de ¡no estropeártelo contándote mi opinión al respecto! Ja, ja, ja.

Ja, ja, ja.

—Bueno, Paty, si te parece bien, empezamos por donde tú empezaste... El dinero. Tal como quedamos me has ido pagando lo que has podido hasta ahora, y he pensado para lo que resta, que podrías hacerme tú alguna sesión de coaching...

—¿A ti? ¿Yo hacerte coaching a ti? –No puedo evitar abrir demasiado los ojos, esto sí que no me lo podía esperar, ¿va en serio? Paty, cariño, cierra la boca que queda raro... Pareces el cangrejo de *La Sirenita...*–. ¿Qué yo te haga coaching a ti?

—Sólo si te parece bien, claro. –Sonríe. ¿Me estoy haciendo la niña pequeña? ¿me estoy encogiendo? ¡Qué suerte la mía de haber dado con ella!

—¿Por qué?

—Bueno, Paty, yo no creo en el autocoaching, veo que tiene limitaciones muy importantes porque falta la otra mente, el espejo, el observador neutro... De vez en cuando trabajo algún tema con algún coach y ¡tú me pareces una coach excelente! –Sonríe–. Éste era uno de los temas pendientes, el autocoaching, y ya ves...

—Vaya, no sé qué decir...

—Puedes pensártelo todo lo que necesites.

—No, vamos, sí, o sea que no tengo que pensarlo, la respuesta es sí... Me encantaría poder hacer algo por ti más allá de pagarte... Porque siento que algunas cosas que me has aportado no se pagan con dinero...

Su sonrisa es amplia y desenfadada, por un lado parece que está de acuerdo pero por otro da la sensación de que piensa que así está bien... Que así tenía que ser... Yo también sonrío y, por primera vez la miro a los ojos como ella me mira a mí... Hasta dentro... Y siento que me invade una emoción... agradable..., es como que nos queremos, que hay un vínculo que está más allá de todo lo que hayamos hablado y me siento bien, siento «calorcito en el corazón», me siento querida y respetada, como profesional y como persona... ¡Es genial!

Pero tengo que apartar la vista porque ya empiezo a notar pinchacitos en los ojos y no quiero…

Ella lo respeta, como siempre. Mantiene el silencio. Un silencio en el que estamos conectadas… Hacía tiempo que no me sentía así de bien con una amiga y… Ella no es mi amiga, sé muy poco de ella… ¡Ahora puedo acribillarla a preguntas! ¿Por dónde empiezo?

—Eire, estoy encantada, la verdad… Ya que has mencionado el tema del autocoaching… ¿Qué limitaciones le ves?

—Lo que te he comentado, me falta el coach. Me parece genial como idea, pero en la práctica, recordando esos tres elementos que tú concluías que tenía una sesión, lo cierto es que faltarían dos… Y eso no es coaching… Personalmente lo he intentado, y no digo que no se pueda hacer nada uno solo, algo sí, te ayuda a reflexionar y a pensar pero no llega ni al 10 por 100 de la efectividad del coaching y, en cualquier caso, no es coaching, es «autoayuda», «autoanálisis», autoconocimiento o lo que sea… ¿Sí?

—Sí. Veo que lo tienes muy claro… Te confieso que tengo mucha curiosidad por saber cosas de tu vida…, por ejemplo ¿Tienes pareja? ¿Tienes hijos?

—Estoy casada y tengo un hijo, ¿y tú?

—Yo no tengo niños… Tengo un novio, teníamos planes de boda pero… ya sabes, el tema X… Mira, te lo quería preguntar porque en algún momento me he planteado… si te gustaban las mujeres…

—¿Si soy lesbiana?

—Sí… Es que me has hecho sentir tan bien… Nunca me había sentido tan aceptada y querida por una chica y, la verdad, me resulta extraño… Sentirme tan cercana a ti.

—¿Tú eres lesbiana?

—No, no claro, supongo que si lo fuera me habría dado cuenta de que tú no lo eras… No sé, a lo mejor te parezco idiota por pensar eso…

—Me parece genial que te hayas sentido tan a gusto conmigo… Es un feedback precioso.

—Ya, bueno, pues tampoco lo pretendía… ¿Sigo con mis preguntas?

—¡Claro! O si quieres te pregunto yo…

—Ya sé que me preguntarías… por lo del tema X, ¿no? La verdad es que desde que te dije que ya podía hablarlo contigo no ha vuelto a salir en las sesiones pero ya tengo su permiso… Mira, no me apetece mucho hablarlo… Sobre todo no me gustaría inspirarte lástima ni que me hagas preguntas al respecto… Venga, te lo digo: mi pareja tiene problemas de adicción…

—Entiendo que es algo peor que el tabaquismo…

—Sí.

Volvemos a generar un largo silencio, y eso que se supone que ya no estamos haciendo coaching…

—Paty, no sé qué decirte, lo siento…

—Vale. Casi mejor, porque no me apetece nada hablar del tema, ¿sabes? Ya lo he hablado con amigos y con mi hermana, y aunque me desahogo algo, tampoco te creas que ha sido genial… Y en cualquier caso, con este proceso de coaching, creo que he visto cuál es mi sitio, me he puesto en él, y le estoy poniendo unos límites muy sanos… Me ha ayudado mucho…

—¡Me alegro! –Me dice sonriendo sinceramente–. Hay otra cosa que me tiene intrigada.

Pues espero que no sea de este tema porque ya le he dicho bien clarito que no quiero hablar… ¿Es que no me va a respetar? No, eso no le pega…

—¡Ah! Ya sé qué quieres saber… Lo que te dije en la primera sesión, ¿verdad? –Ladea la cabeza, ¿lo habrá olvidado? ¡Ah! Ya ha caído, su cara muestra curiosidad.

—¿Quieres contármelo?

—Bueno, no hay mucho que contar, lo que te dije en su día, todo el mundo piensa que eres muy buena coach; pero a nivel personal, a algunas personas no les caes muy bien... Aunque a la mayoría parece que sí... Confieso que meses antes de conocerte empecé a preguntar por ti por todas partes...

—¿Para qué?

—Supongo que esperaba que alguien me quitara las ganas de trabajar contigo... Pero como habrás deducido no me las quitaron..., incluso el ver el tipo de gente a la que no le gustabas me hizo tener más ganas de conocerte... Bueno, supongo que nadie puede gustar a todo el mundo; pero ahora tengo muy claro que es imposible que no caigas bien si se te conoce... Que sólo pueden ser prejuicios.

—¡Vaya! ¡Gracias! Vas a conseguir que me ponga roja...

Ja, ja, ja... Reímos las dos a placer, ¡Qué gusto poder reír! Yo no quiero que se ponga roja, claro..., «no quieras para los demás lo que no quieras para ti mismo»...

—Pues te voy a poner la puntilla –le digo sonriente, acordándome de que yo también tengo una sorpresa para ella, ji, ji, ji, pone cara de desconcierto, no le haré esperar mucho... Saco de mi cartera un paquete envuelto y se lo pongo delante de la mesa...

—¿Es para mí? –Supongo que es más retórico que otra cosa porque es evidente, ¿no?... Sí que está un poco roja, sí...

—¡Claro! Ábrelo, a ver si te gusta...

Lo coge con ganas y lo abre con cuidado de no romper el papel... ¿Lo querrá reutilizar? Lo mismo es muy ecologista...

—¿Recuerdas que te dije que tenía un hermano muy artista que me hacía cuadernos? Le he pedido que me haga uno para ti... ¿Te gusta?

—Es precioso... Muchísimas gracias... –Lo abre y toca las hojas con los dedos..., no sube la mirada. ¡Oh! Se ha emocionado... Ahora me mira. ¡Es peor! ¡Me va a emocionar también a mí...!

¡Vaya momento! Parece que le ha encantado el cuaderno, la verdad es que mi hermano se lo ha currado mucho... Pero a lo mejor es más el detalle, claro... Nos dejamos un rato de silencio, bebemos nuestras bebidas calientes... Sólo estamos...

—Paty, ¿hay alguna herramienta que hayas echado de menos en este proceso?

—No, bueno, al principio quería mucha herramienta porque me sentía insegura pero ahora…

—Bueno, aunque hoy acabamos, si en cualquier momento te apetece preguntarme por alguna herramienta más no dudes en mandarme un correo, ¿vale?

—Vale… Mira, Eire, he pensado que me vendría muy bien, y me dejaría totalmente tranquila que me supervisaras un par de sesiones, y si las podemos intercambiar por coaching… Si no es abusar…

—¡Vaya! ¡Me alegra mucho que me digas esto! Yo también lo había pensado; pero no quería que fuera una propuesta mía… Creo que te vendrá muy bien… Y mira…, es muy sencillo. Tú grabas una sesión cualquiera y me la mandas escrita junto con el audio y después la comentamos juntas. ¡Cuando tú quieras! –Sonreímos las dos, diseccionarme una sesión me daba miedo pero ahora me da mucha curiosidad y estoy deseando hacerlo… Aunque tengo que pensar qué sesión me grabo, qué cliente me dejará grabar para supervisión… ¡Para Paty! Ya lo pensaré más tarde, ahora es mi turno de preguntas…

—¡Vale! Ahora, si no te importa voy a sacar mi libreta porque no quiero que se quede nada en el tintero…

Ojeo mi libreta y… Sí, esto me da mucha curiosidad…

—Eire, tengo mucho interés en saber si tu sitio y el mío cuando nos sentamos a hacer coaching están definidos por ti por algún motivo…

—¡Qué buena pregunta! ¡Nunca me lo había preguntado nadie! ¡Realmente tienes una mente muy inquieta!… Sí. Responde a un porqué. ¿Conoces las constelaciones familiares? –Niego con la cabeza, algo me suena, he oído hablar de ello alguna vez, pero ni idea…–. ¿El coaching sistémico?

—Tampoco.

—Pues mira, las constelaciones familiares es una forma de terapia creada por Bert Hellinger, filósofo, teólogo y pedagogo alemán, después se forma en psicoanálisis, dinámica de grupo y muchas cosas más y acaba en la terapia sistémica, vamos, de los sistemas, y desarrolla lo que llamó «Órdenes del Amor». Que son como «leyes»: la pertenencia, el orden y el equilibrio entre dar y recibir. Y el coaching sistémico es una modalidad de coaching que se basa en las constelaciones familiares aplicadas a la empresa; se trabaja con avatares que representan personas, cosas, actitudes, grupos, obstáculos o lo que sea. Las leyes sistémicas incluyen las tres leyes de antes más otras: la de prevalencia o de antigüedad, la de jerarquía, la de reconocimiento y la de aceptación.

Parece que me estoy enrollando mucho... Bueno, según la ley del orden, el sitio que ocupamos en una reunión, por ejemplo, determina nuestro estatus en relación al resto del sistema. En nuestras sesiones de coaching, tú y yo formamos un sistema y yo me sitúo a tu derecha para «significar» una relación de apoyo hacia ti. La verdad es que también me encuentro cómoda en esa posición, pero cuando me lo explicaron me quedé muy contenta de haberla elegido sin saber todo esto...

—¡Qué curioso! Me lo anoto para investigar cuando tenga tiempo... Pero iré probando dónde me siento yo más cómoda con mis clientes y dónde los noto a ellos más cómodos... Y hablando de comodidad... Eire, en casi todas nuestras sesiones ha habido momentos en los que me daba la sensación de que me leías la mente, ¡como si tuvieras poderes paranormales! O algo raro... ¿Cómo lo haces?

—¿Poderes paranormales? –No puede evitar reírse..., pero no siento que se ría de mí... se ríe conmigo...–. Bueno, quizá no sea muy normal yo; pero desde luego tampoco soy «paranormal» ni mucho menos... Bueno, sí, creo que lo soy, un poco «paranormal»; pero no más que tú o que cualquiera... –Sonríe–. A lo mejor tiene que ver con aquello que empecé a contarte de cómo preparo las sesiones... Te comenté que suelo hacer una pequeña visualización que me conecta con la actitud, con la intención que creo más útil para hacer coaching... ¿Recuerdas?... Verás, yo intento, aunque no siempre lo consigo, vaciarme de mí para estar totalmente disponible para ti, y conectarme con algo «más allá de mí»... No sé cómo explicarme...

—¿Con Dios?

—Sería Dios para las personas que creen en Dios, el inconsciente colectivo para algunos psicólogos, el yo superior para los de «la nueva era»... Da igual cómo lo llamemos... Es como que intento conectarme con una fuente de sabiduría infinita que me ayude a hacer mi trabajo y, desde ahí, confío en que será lo que tenga que ser...

Bueno, pues esta vez soy yo la que no sé qué decir... ¡Vaya confesión me acaba de hacer! ¡Podría pensar que está un poco loca! Pero... he visto los efectos, los he sentido...

—También me ayuda el estar sincronizada contigo, mientras no me pierda en ti...

—Eire, ¿me puedes poner un ejemplo de esto?

—¿Un ejemplo? No... Puedo... Podemos hacer un ejercicio, ¿quieres?

—¡Sí!

—Pon la espalda recta. Siéntate bien. –Claro, estoy medio tirada en su sofá–. Concéntrate en la respiración, que sea profunda... Ahora busca un punto en tu esternón que te conecte con lo más profundo que hay en ti... ¿Lo tienes? –Al poco me siento algo raro en centro del pecho, como un punto de luz o de calor o de lo que sea y me oigo decir «sí»–. Ese punto tiene una pulsación, como los latidos de tu corazón... ¿Lo notas? –Tardo un poquito pero sintonizo mis latidos con una pulsación de luz y, de pronto, noto que ya no es un punto, es una zona dentro de mi pecho..., ¡qué curioso!–. Ahora, vas a expandir esa pulsación a todo tu cuerpo, cuando la notes en todo el cuerpo me avisas... Si quieres y puedes, ponle un color; pero que sea muy luminoso... –Me cuesta un poco pero acabo sintiendo el pulso en todas partes, sobre todo en las manos, y me imagino que soy una gran bola de luz palpitante... ¡Me gusta! Creo que he debido de decirle que ya; aunque no soy muy consciente porque ella sigue...–. Éste es tu sitio; pero tienes conexiones con otros sitios... Sin perder esta sensación, imagina que de tus pies salen raíces que llegan al centro de la tierra y te alimentan, te sujetan y te permitan dejar caer lo que no te sirve... –Se calla un rato mientras lo imagino, estoy gratamente sorprendida de lo bien que está funcionando mi imaginación...–. También imagina que de la coronilla te sale un haz de luz, del color que tú quieras, que te conecta con todo lo de «arriba» sea lo que sea... Y ahora, sin perder tu sitio, ni tus conexiones, vas ampliando tu sensación de luz pulsante fuera de tu cuerpo... Te conectas conmigo, con las personas que quieres de esta ciudad, con las que no conoces también, si quieres..., te conectas con las personas de este país, con todos los seres vivientes o no, sólo si te apetece... Te conectas con todo este continente..., con todo el planeta, con la galaxia, te expandes...

¿Paty? ¿Me oyes? Tienes que ir volviendo... Si me oyes hazme una señal... Tu boca está dibujando una sonrisa, lo interpretaré como la señal... Ahora quiero que empieces a mover poco a poco los dedos de las manos y de los pies... ¿Me oyes? Sí, ya veo, ahora poco a poco ve moviendo manos y pies, brazos y piernas y cuando te sientas preparada abre tus ojos... Estírate, haz los movimientos que necesites.

Silencio. Abro los ojos le sonrío, ella también sonríe... ¡Vaya regalazo! No quiero hablar. Ya no tengo más preguntas.

Nota final de la autora

Querido lector, querida lectora,

Espero que hayas disfrutado este pequeño viaje con Eire y Paty y que hayas encontrado la utilidad que buscabas en este libro.

Si quieres hacerme algún comentario, pregunta, sugerencia, etc., estaré encantada de recibirlos en las direcciones de las protagonistas:

paty0099@gmail.com
eire@estoescoaching.es

O directamente en la mía:
Guadalupe@guadalupegomezbaides.com

En twitter:
@GGomezBaides